서울대학교
관악초청강연

# 조장희

## 과학자 조장희의 불꽃같은 삶



서울대학교출판문화원

대학을 졸업하고 수십 년이 지난 지금 돌이켜보니 세상이 조금씩 좋아지고 있다는 걸 느끼긴 하겠는데 우리가 원하는 만큼 그렇게 빨리 좋아지는 것 같지는 않습니다. 처음엔 눈앞에 보이는 저 봉우리만 올라가면 될 줄 알았는데 가보니 그 너머에 더 큰 봉우리가 있더군요. 삶의 길도 그렇고 역사도 그렇다고 생각합니다. 작은 산봉우리에 올라서기만 해도 세상이 발아래로 보이고 더 높은 봉우리로 가는 길이 너무나 뚜렷이 보이는데 막상 가보면 낭떠러지가 길을 막고 숲이 길을 잃게 합니다.

"공부는 잘하는데……."라는 오해 아닌 오해를 받고 있는 우리 학생들이 학교라는 작은 봉우리에서 좀 더 넓은 세상으로 가는 길을 만나게 하려, 학교의 지식이 아닌 삶의 지혜를 얻을 수 있도록 마련한 〈관악초청강연〉이 어언 50회를 바라보게 되었습니다. 여기서 우리는 많은 분들과 만나고 많은 걸 배웠습니다. 많은 교수님들이 〈관악초청강연〉을 꾸려나가기 위한 위원회에 참석하시어 좋은 의견과 더불어 우리 학생들이 꼭 만나야 할 좋은 분들을 추천해주셨기에 가능한 일이었습니다. 여기 오신 모든 분들은 삶의 길을 스스로 열어나갔을 뿐 아니라 우리가 함께 가야할 길을 보여주신 분들이었습니다. 이분들이 새로운 길을 열고자 하면서 겪은 성공과 좌절, 열정과 노력은 교실에서는 접하기 어려운 생생한 체험으

서울대학교 관악초청강연

조장희

# 과학자 조장희의 불꽃같은 삶

로 다가왔고 참여한 학생뿐 아니라 교수들에게도 깊은 감동을 주었습니다. 한 차례의 강연으로 흘려버리기엔 이 감동이 너무 아까워 책으로 내기로 했고 이미 여러 권이 출간되었습니다.

출판을 시작할 때 이미 많이 알려진 이야기이고 이미 책으로 출간된 경우도 있는데 굳이 또 책으로 펴낼 필요가 있겠느냐는 지적도 있었습니다. 사실 강연 그 자체만 놓고 보면 그렇습니다. 그렇지만 강연회엔 강연만 있는 게 아니었습니다. 대화가 있었습니다. 사회자의 소개에서부터 강연, 그 뒤로 패널에 참여하신 교수님들의 질의와 보충 설명, 강연회에 참여한 학생들의 진지한 반응이 거의 두 시간에 걸쳐 이어졌습니다. 이 생생한 대화의 장을 그냥 흘려버리기에는 너무 아까웠습니다. 사실 강연을 해주신 분인들 어디서 이렇게 좋은 패널과 진지한 청중을 만나 진솔하게 대화를 나눌 기회가 있었겠습니까. 이 책을 출간하면서 이 시대를 살아가는 젊은이들에게 정말 보여주고 싶은 건 바로 이 대화의 모습이었습니다. 이 대화의 장을 통해 길이 너무 많아 길을 찾기 어려운 이 시대의 젊은이들이 자신과 이웃의 삶에 대해 세상과 역사에 대해 다시 한 번 생각할 기회를 갖게 되기를 바랄 뿐입니다.

끝으로 이 책이 나오도록 애써주신 여러 분께 감사의 말씀을 드려야겠습니다. 먼저 관악초청강연위원회의 위원장을 맡아 좋은 강연회를 기획해주신 곽수근 선생님을 비롯한 위원 선생님 여러분, 패널에 참여하여 진지하게 토론해주신 교수님들께 감사드립니다. 그리고 아무리 좋은 강연이라도 강연과 토론을 책으로 만드는 일은 대단히 귀찮고 어려운 일입니다. 더구나 생생한 대화의 현장감을 살리기란 아주 어렵습니다. 이 모든 일을 도맡아 꼼꼼하게 살펴주신 백미숙 선생님과 출판을 맡아주신 서울대학교출판문화원에도 감사드립니다.

허남진
서울대학교 기초교육원장

차례

# 제1부 : 강연

● 고철환 교수(사회자): 서른네 번째 관악초청강연을 시작하겠습니다. 저는 자연과학대학 지구환경과학부의 고철환이라고 합니다. 사오 년 전에 서울대학교 뇌과학연구소의 장비를 구축할 때 인연이 닿아 조장희 선생님을 잠시 뵌 적이 있었는데요, 오늘 이 자리에서 다시 만나뵙게 되었습니다. 조장희 선생님을 여기서 잠시 소개해 드리겠습니다. 조장희 선생님은 세계 최초로 양전자 단층촬영장치PET를 개발하신 석학이시고, 세계적인 뇌과학자이십니다. 1936년에 황해도 연백군 금산면에서 태어나셨고, 서울대학교 전자공학과를 졸업하신 후 동 대학원에서 석사학위를 받으셨습니다. 이후 스웨덴 웁살라 대학교 대학원에서 응용물리학으로 박사학위를 취득하셨습니다. 이후에 스웨덴 스톡홀름 대학교와 미국 UCLA, UC샌디에이고, 컬럼비아 대학교, UC얼바인 등 세계적인 명문대의 교수로 재직하셨습니다. 컬럼비아 대학교의 영상연구센터Imaging Research Center 부소장을 역임하셨고, KAIST의 초빙석좌교수를 겸직하시기도 했습니다. 2004년부터 지금까지는 캘리포니아 주립대학교의 명예교수이자 가천대학교 뇌과학

연구소 소장으로 계십니다. 특히 최고의 학문적 권위를 지닌 미국 학술원 회원이자 미국 국립보건원NIH의 국가자문위원이시기도 합니다.

2004년에 UC 얼바인의 최우수교수상Distinguished Faculty Award in Research을 받으신 것을 비롯하여 제이콥 제비츠 신경과학Jacob Javits Neuroscience상, 실비아 솔킨Sylvia Sorkin 상 등 국제적인 과학자상을 여러 차례 수상하셨습니다. 한국에서도 1984년에 과학기술대상을, 제1회 한국공학상(1995)과 제42회 대한민국 학술원상(1997), 제1회 한림원상(2000)과 과학기술훈장 창조장(2005) 등을 수상하신 저명한 학자이십니다.

그간 우리나라에서도 노벨상 수상이 가능한가 하는 언론의 보도가 자주 있었습니다. 그때마다 언론에서 조장희 박사님이야말로 우리나라에서 가장 노벨상에 근접해있는 학자라는 이야기가 많았습니다. 한편 박사님께서는 우리나라에서 노벨상을 배출하는 데 필요한 조건들을 인터뷰를 통해 직접 말씀하신 적도 있습니다. 선생님께서 발표하신 여러 저서와 논문이 있지만, 여러분이 읽으시기에는 내용이 다소 어려울 것입니다. 아마도 오늘 선생님께서 쉽게 풀어서 지금까지 연구해 오신 것들을 설명해주시리라고 믿습니다. 그럼 이제부터 조장희 박사님을 모시겠습니다. (일동 박수)

## 뇌의 신비를 탐구하다

● 조장희 교수(강연자): 이렇게 초청해주셔서 정말 감사합니다. 제가 공부를 제대로 하지는 못했지만, 그래도 처음 공부를 시작하고 사오십 년이 지난 지금, 이런 자리에 서게된 것을 큰 영광으로 생각합니다. 여러분께 무슨 강연을 해야 할까 고민하다가 제가 지금 연구하고 있는 것들을 중심으로 준비해서 왔습니다. 들어보시고 여러 재미있는 토론을 함께 해주시면 좋겠습니다.

제가 제 나이의 동료를 만나면 이런 이야기를 해요. 자네들도 운동 열심히 하라고. 그러면 친구들은 '다 늙은 마당에 무슨 운동을 하느냐'고 합니다. 그런데 제가 요새 뇌과학 공부를 하면서 보니까, 뇌에는 운동하는 게 제일 좋은 것 같아요. 이건 저희 기계로 찍은 뇌 사진입니다. (뇌 사진을 보며) 운동기구에서 달리기를 하기 전과 후에 뇌 영상을 찍어보니까 이렇게 다르게 나와요. 예전에는 사진이 이렇게 섬세하게 나오지 않아서 뇌 속 혈관의 모습을 본 적이 없었어요. 그런데 사각형 부분을 자세히 보시면, 뛰고 나니까 뇌에 피가 이렇게 많이 흐르는 걸 알 수 있어요.

### 건강한 뇌를 만들기 원하면, 뛰어라

아시는 분은 아시겠지만, 재미있게도 뇌는 우리 전체

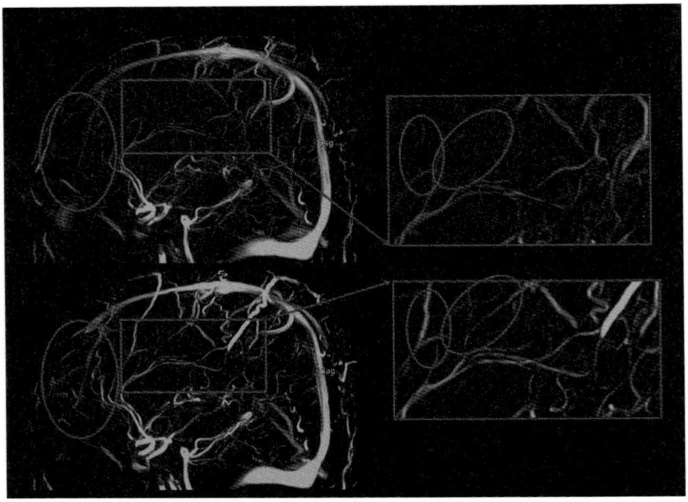

운동 전(위)과 운동 후(아래)의 뇌 혈관 사진

몸과 비교하면 그리 크지 않습니다. 뇌의 무게가 보통 1,400g~1,500g이고 사람의 평균 몸무게는 75kg이니까 뇌의 무게는 전체 몸무게의 2퍼센트 정도에 지나지 않는 거예요. 그런데 혈류량을 보면 심장에서 나온 피의 20퍼센트가 뇌로 갑니다. 그러니까 몸 전체의 관점에서는 뇌가 제일 큰 공급benefit을 받는 수혜자beneficiary라고 할 수 있습니다. 계산해보면 운동을 할 때 받는 효과는 몸의 다른 부위에 비해 뇌에서 열 배가 됩니다. 그래서 뛰는 게 뇌에 좋다고 하는 거예요. 뛰어서 뇌에 산소도 많이 공급하고 영양도 많이 공급하면, 알츠하이머병이나 파킨슨병에도 안 걸리고 뇌가 건강해질 겁니다.

사실 우리는 뇌과학이라는 것에 대해 잘 모르고 있습니다. 과학이 발달해서 마치 인간이 세상의 모든 이치를 다 아는 것 같죠? 하지만 정작 알 수 없는 것이 인간의 뇌입니다. 뇌과학은 바로 이 뇌를 공부하는 학문이에요. 미국에서도 뇌를 제대로 연구하기 위해 아주 많은 노력을 했던 것을 기억합니다.

제가 이걸 하다가 보니까 '신경神經'이라는 우리말이 참 신통하다는 생각을 했어요. 이걸 영어로 옮기면 'Pathway to God'이 되죠. 그런데 사실 신경이 전부 어디로 가요? 머리로 갑니다. 그렇다면 '신경'이란 결국 'Pathway to Brain'이라는, 그런 묘한 이야기가 됩니다. 한 발 더 나가면 결국 'Brain'이 'God'인가 하는 생각도 하게 되죠. 물론 이런 이야기를 하면 종교계에 계신 분들에게 욕을 먹겠지만, 뇌 공부를 하다 보면 이것도 말이 전혀 안되는 건 아니구나 하는 생각을 하게 됩니다.

인간의 뇌는 참 여러 가지 일을 합니다. 뇌가 감각sensing도 하고, 인지cognition도 하고 분석analysis도 하고 결정decision도 내리고 또 시행execution도 하는 등의 여러 가지를 하는 것을 우리는 잘 알고 있습니다.

그런데 이런 사진도 한번 보세요. 사람이란 어떻게 사느냐에 따라 굉장히 달라집니다. 오른쪽은 일본의 한 스님이에요. 왼쪽은 안데스 산맥에 있는 한 부인인데, 나이가 어떻

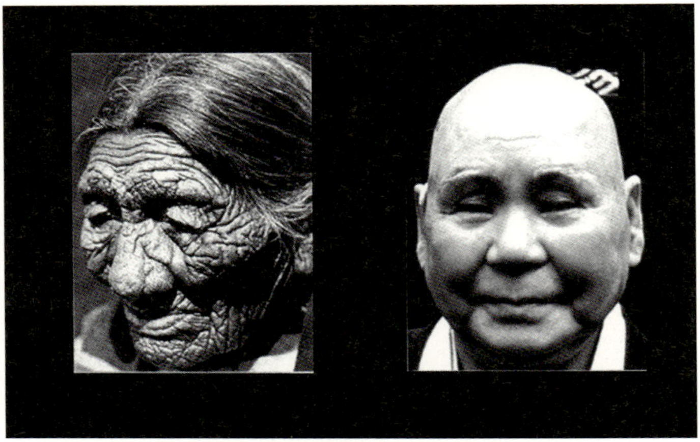

50세의 여성(왼쪽)과 92세의 남성(오른쪽)

게 되나 여러분이 한번 추정해보세요. 일본 스님은 92세예요. 그렇다면 할머니는 150살쯤 돼 보이죠? 아니에요. 50세예요. 매우 놀랍죠? 그래서 저는 뇌도 그렇지 않을까 하는 생각을 하게 되었습니다. 우리가 살아가는 데 있어서 '어떻게 사느냐'가 가장 중요하다는 것이 제 인생의 철학이기도 합니다.

그런데 이것은 사실 학문적으로 제기된 이론이기도 합니다. 낸시 앤드리아슨Nancy Andreasen이라는 유명한 뇌과학자가 분석한 건데요. 사람이 나이 먹으면서 뇌가 점점 쇠퇴decay한다는 거죠. 그런데 나이를 먹으면서 뇌가 쇠퇴하는 정도는 사람에 따라 그 편차variation가 있다는 것입니다. 오른쪽 그래프를 보시면 80세의 건강한 사람은 40세의 건강하지 않은 사

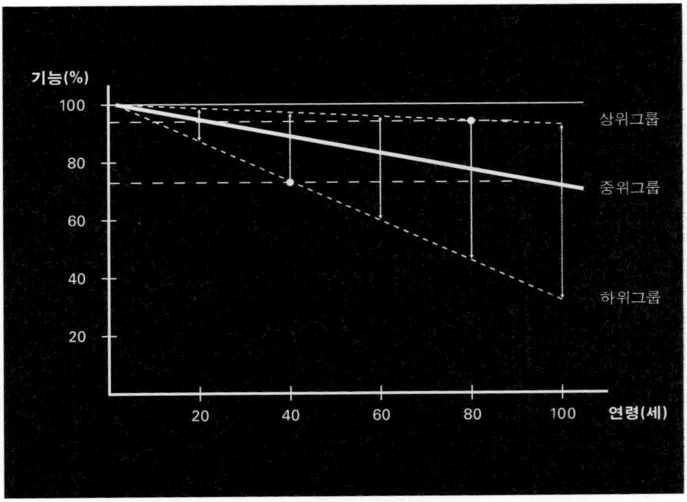


연령에 따른 뇌 기능 변화•

람보다 뇌가 더 건강합니다. 역설적인 이야기죠. 아까 봤던 90살 먹은 스님의 얼굴이 50살 먹은 부인보다 젊게 보이듯이, 뇌도 편차가 있다는 겁니다.

저희가 가지고 있는 기계들이 많잖아요. 제가 하루는 제 친구들을 불렀어요. 우리 나이 또래 친구들을 불러서 여기 왔으니까 공짜로 하나 찍어주마 그랬더니 다 찍겠다더라고요. 공짜라고 하니까 좋아서. (웃음) 그래서 찍었더니 이렇게 나왔어요. 그리고 우리 20대 학생들 다섯 명을 찍어서 한

• Nancy Andreasen, *Brave New Brain: Conquering Mental Illness in the Era of the Genome*. Oxford University Press, 2001, p. 142.

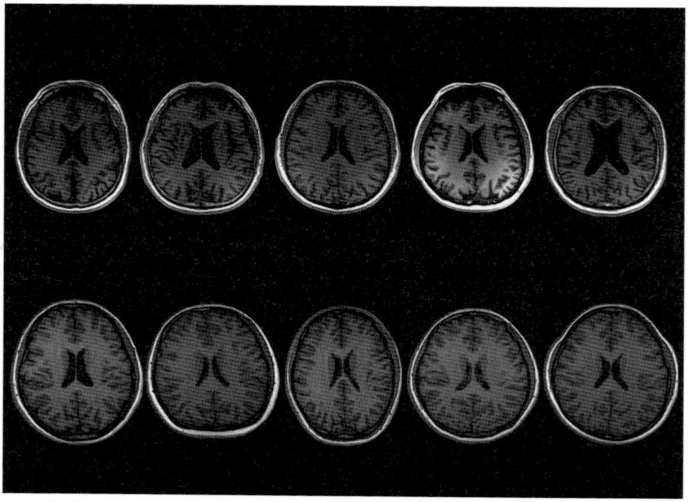

연령에 따른 대뇌 피질 위축[70대 남성들(위)과 20대 남성들(아래)]

번 비교해봤어요. 한번 보십시오. 이렇게 뇌의 가운데가 텅 빈 사람이 있는가 하면 꽉 차 있는 사람도 있고 뭐 괜찮은 사람도 있고 아닌 사람도 있고 그래요. 그림 아래쪽의 젊은 사람들은 뇌의 사진들이 거의 똑같죠? 이 빈 공간은 뭐냐 하면 나이를 먹고 뇌가 줄어들수록 커지는 부분이에요. 뇌하수체가 들어있는 부분이 커지는 겁니다. 그래서 이 부분의 크기가 뇌가 얼마나 줄어들었느냐 하는 걸 보여주는 지표라고 생각하시면 돼요. 그런데 가운데가 텅 빈 사람이 있는가 하면 꽉 찬 사람이 있어요. 아까 일본 스님하고 안데스 산맥 부인의 얼굴 차이와 똑같은 이치죠. 앤드리아슨이 이야기한 것과도 마찬가지예요. 뇌에 있어서도 '어떻게 사느냐'가 중요한 거예요. 사실 가운데가 텅 빈 이 사람은 차관까지 한 사람이에요. 내 친구인데 아마 술깨나 먹은 거 같아요. (웃음) 젊은 사람도 마찬가지예요. (사진을 가리키며) 하지만 이 사람은 나이를 먹었어도 20대랑 거의 비슷하죠?

우리가 연구실에서 뇌를 열심히 연구하고 있지만, 아직 뇌에 대해서 전혀 모르는 것이 너무 많아요. 그래서 1990년에 부시 시니어, 그러니까 조지 부시 41대 미국 대통령이 뇌를 한번 연구해보자고 했어요. 십 년 정도 하면 많이 하지 않겠느냐 생각하고 1990년부터 1999년까지를 '뇌의 10년Decade of the Brain'으로 정하고 뇌를 집중적으로 연구해보자고 했어요.

이게 1995년에 나온 중간보고서인데요. 맨 앞의 사진이 그 당시에 PET•라는 기계로 뇌를 한번 찍어본 거예요. 보고서의 제일 위에 있는 사진은 뇌의 영역 중에서 들을 때 사용되는 베르니케 영역Wernicke's area이라고 그러죠. 두 번째는 눈으로 볼 때 사용되는 시각피질visual cortex, 세 번째가 말할 때 사용하는 브로카 영역Broca's area, 마지막은 생각할 때 사용하는 전두엽 부분이에요.

• 양전자 단층촬영장치[positron emission tomography(PET)]은 임상진단과 생물의학 연구에 사용되는 영상장치다. 특히 뇌와 심장의 기능과 수행하고 있는 생화학 과정, 즉 포도당대사나 산소섭취와 같은 것을 연구하는 데 유용하다고 증명되었다. 1975년 원형 양전자 단층촬영장치를 조장희 박사가 세계 최초로 개발하였다. 현재의 모든 PET는 조장희 박사가 개발한 형태를 따른다.

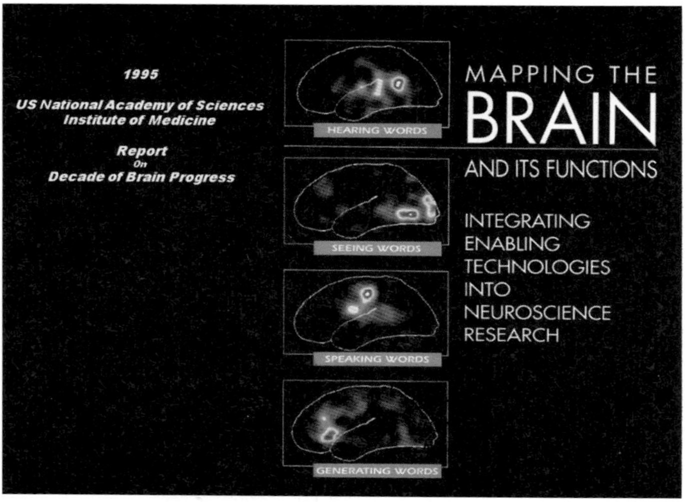

미국 학술원이 발간한 '뇌의 10년' 중간보고서

지금은 살아 있는 사람의 뇌 영상을 이렇게 볼 수 있는 거예요. 매우 놀랍죠? 옛날에는 뇌에서 언어를 담당하는 부분을 확인하려면, 말을 못하는 사람들 시체 수십 구의 뇌를 잘라 봐야만 했어요. 그래서 그들의 뇌를 직접 보고 '아 여기가 말하는 기능과 관계가 있구나' 하는 생각을 했던 거죠. 그런데 산 사람의 뇌를 우리가 '직접' 들여다보기 시작한 것은 아주 최근입니다. 이 PET라는 기계가 뇌과학의 새로운 지평을 열게 된 겁니다.

그리고 또 하나 말씀드리면, 이 컴퓨터라는 것이 아주 시끄러운 거 같아요. 사실 컴퓨터는 아주 근래에 나온 놈인데, 과학과 공학의 모든 영역에 새치기를 해서 막 밀고 들어와요. 컴퓨터는 불과 이십 년 사이에 엄청나게 발전했어요. 삼십 년 전 제가 UCLA에 있을 때만 해도 64kb 용량의 컴퓨터라면 엄청난 거라서, 구입하려면 몇 년 동안의 예산 계획을 세워야 될 정도였죠. 그런데 지금은 개인용 컴퓨터도 기가바이트gigabyte나 테라바이트terabyte 단위로 용량을 측정하잖아요. 지난 이십 년 동안 컴퓨터가 급격하게 발달한 거예요. 테라바이트라면 10의 12제곱 바이트이자 백만 바이트의 백만 배라는 거창한 단위입니다. 이런 컴퓨터가 속속 만들어지고 있고 계속 발전하고 있어요. 그래서 과학적 성과도 컴퓨터에 힘입어서 엄청나게 발달하고 있지요.

그런데 인류가 존재해 온 것은 200만 년 정도입니다. 물론 그동안 인류의 지능도 상당히 발전해서 뉴런의 숫자가 10의 11제곱, 즉 10조 개가 되었습니다. 그런데 생각해보면 인류가 200만 년 동안 쌓아 온 지적 성과를 컴퓨터가 하루아침에 넘어서고 있어요. 아주 참 별난 세계에 사는 것 같습니다.

### 뇌는 왜 특별한가

사람의 몸을 이렇게 보면, 여기 뇌가 있습니다. 흔히 뇌는 기억도 하고 생각도 하고 의식도 하고 창조적인 역할을 담당하기도 한다는 이야기를 하죠. 흔히 그런 얘기를 하는 사람들이 얼마나 알고 하는 건지 아니면 전혀 모르고 하는 얘기인지 모르지만, 뭐 어쨌든 뇌에 대한 여러 가지 이야기가 있습니다. 그리고 컴퓨터를 볼까요? 컴퓨터에는 파워 서플라이가 있고 CPU가 있습니다. 우리는 컴퓨터에 정보를 저장하고, 프로그래밍을 해서 과학에 활용하기도 하죠. 그런데 과학적인 관점에서 보면 사실 몸body은 별 게 아닌지도 모르겠습니다. 컴퓨터의 부품을 바꾸듯이 심장이나 간 등의 주요 장기도 인공 장기나 타인의 것으로 교체할 수도 있으니까요. 물론 심장이 바뀌었다고 해서 내가 다른 사람이 되는 것은 아닙니다. 하지만 뇌는 바꿀 수 없어요. 만약 다른 사람의 뇌를 나한테 심으면, 나는 그 사람이 되어버리는 거지, 더는 조장희가 아닙니다. 뇌가 다른 신체의 부위와 다른 특별한 부위라는 것은 바로 뇌의 이런 특징 때문이에요.

우리는 뇌에 대해 모르는 것이 너무나 많습니다. 예를 들어 이런 사진을 보신 분들이 있을 겁니다. 이 모나리자 상이 여기 있죠. 다음의 그림은 뒤집혀 있습니다. 일반적으로 우리가 사람의 얼굴을 보는 데 있어 처음으로 기능하는 것은 뇌의 시각피질visual cortex입니다. 그 다음에는 퓨지폼 영역fusiform face area을 거쳐 전두엽으로 정보가 가서 비로소 얼굴을 인식하게 됩니다.

그런데 사람은 똑바로 세워놓은 것만 봤지 거꾸로 세워놓은 것을 보는 데는 습관이 되어 있지 않지요. 이 그림들을 보세요. 가운데 뒤집힌 그림은 제일 오른쪽의 못생긴 그림

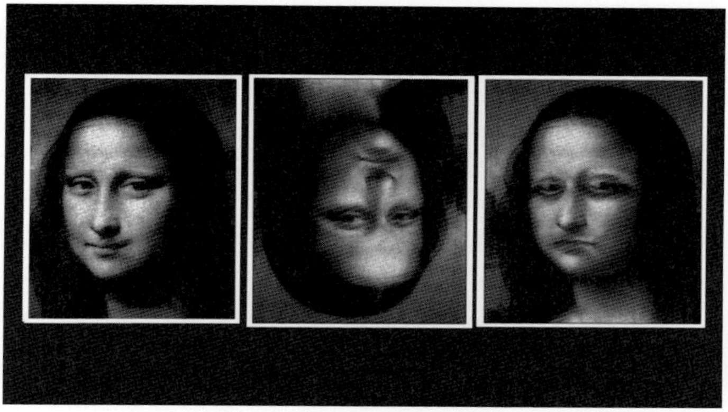

인데, 뒤집어 놓으면 가운데 사진을 볼 때는 인식을 못하고 왼쪽의 진짜 모나리자 그림과 착각하게 됩니다. 신기한 일이죠. 그래서 뇌에서 인식 기능을 맡는 부분에 대한 연구도 많이 하고 있습니다. 기능적functional MRI라는 기계를 사용해서 연구를 하고 있습니다. 이런 연구도 정말 중요해서, 앞으로는 좀 더 본격적인 연구가 필요한 부분이에요.

뇌를 강의하겠다고 왔으니까 이런 이야기도 해야겠죠. 기능적으로 보았을 때 인간의 뇌는 이렇게 복잡하게 나뉘어 있어요. 예를 들어 17, 18, 19는 시각과 관련되어 있고, 41, 42는 청각과 연관된 부분이에요. 22는 청각에서 발전하여 시각과 관련된 영역이고, 뒷부분은 전부 시각 영역이에요. 이렇게 큰 영역이 우리의 '보는' 행위와 연결되어 있어요. 뇌를 보면

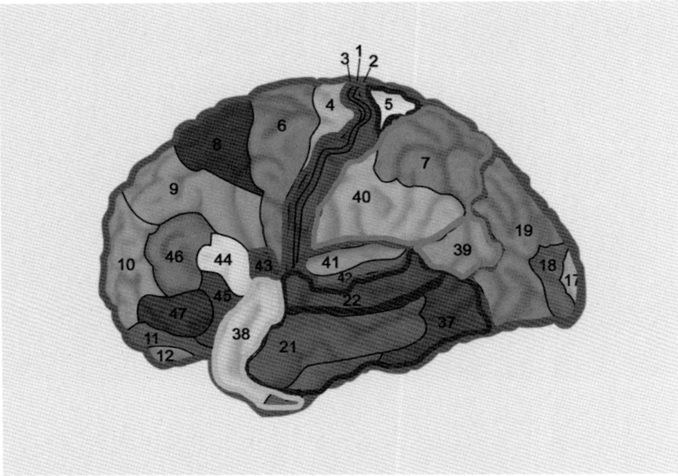

독일의 해부학자 브로드만(Korbinian Brodmann)이 구분한 뇌의 기능분포도

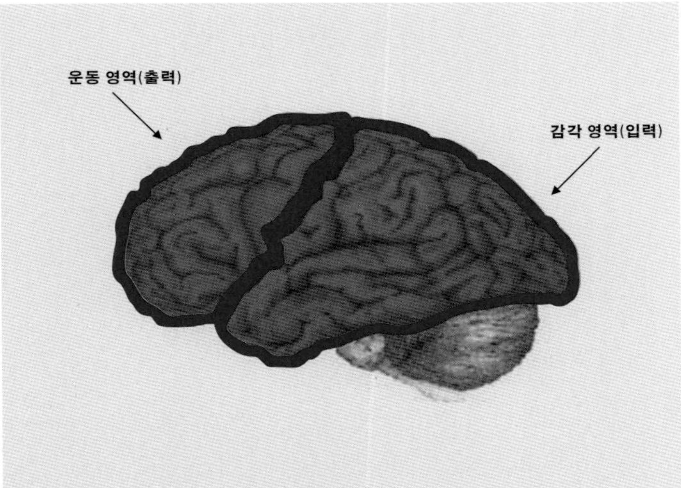

운동과 감각 영역으로 구분한 뇌의 구조

시각과 관련된 영역이 참 많이 있어요. 이 부분(41, 42)은 듣는 데, 그리고 여기(1, 2, 3)는 만지고 느끼는 데, 여기(43)는 맛을 보는 데, 이건(37) 시각 영역에서 좀 더 발전된 데고, 이건(22) 청각 영역에서 조금 발전된 곳이고 하는 식이죠. 여기(28)는 보고 듣고 맛을 보고 만지고 하는 것들을 동시에 하는, 소위 '고위 영역'이죠. 여기(34, 35)는 냄새를 맡기도 하고, 우리가 아직 잘 알지 못하는 여러 기능을 하기도 합니다.

그래서 이렇게 보시면 사람의 뇌 뒷부분은 전부 입력을 받아들이고 감각sensory하는 영역이고, 앞부분은 운동을 하는 식으로 되어있어요. 공학적으로 이야기하면 입력과 출력이 상당히 조직적으로 되어있다고 할 수도 있죠. 뇌가 굉장히 복잡해 보이지만 사실 크게 나누면 입력 영역과 출력 영역으로 구분할 수 있다는 거죠. 이런 것도 상식으로 알아두면 좋을 것 같네요.

이런 그림 한 번쯤 보셨죠? 이건 인간의 뇌가 담당하는 영역의 비중을 형상으로 표현한 거예요. 우리가 손을 가장 많이 쓰기 때문에 손이 제일 크게 표현되어 있지요. 몸의 나머지 부분은 작게 묘사되어 있죠. 입도 큰데, 인간이 매일 먹고 말하고 그러기 때문이에요. 얼굴의 다른 부분도 비교적 뇌의 영역과 많이 연결되어 있고요. 보시다시피 손이 차지하는 부분이 이렇게 커요. 그래서 이런 실험을 간단히 해봤어요. 젓가락질을 할 때 뇌의 어떤 부분이 어떻게 활성화되나

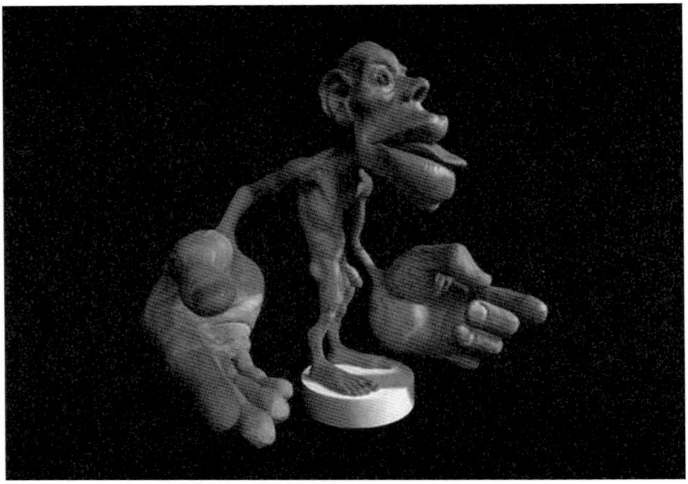

캐나다의 뇌과학의사 펜필드(Wilder Penfield)가 대뇌영역의 기능을 표현하기 위해 1950년대에 만든 감각(sensory) 호문쿨루스

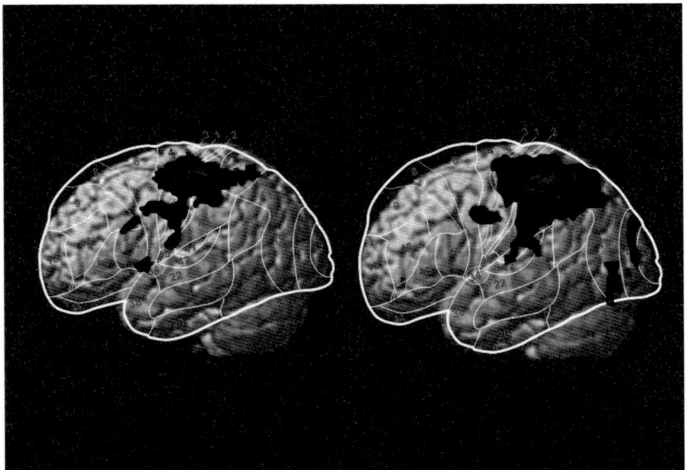

젓가락 움직임과 뇌의 활동 관계(왼쪽: 한국인의 뇌, 오른쪽: 외국인의 뇌)

기능적자기공명영상fMRI을 가지고 찍어본 거예요. 왼쪽은 한국의 젊은 사람, 특히 쇠젓가락으로 젓가락질을 잘하는 사람이에요. 쇠젓가락은 우리만 쓰는 거죠. 일본이나 중국 사람들이 한국에 와서 제일 쩔쩔매는 게 쇠젓가락을 쓰는 겁니다. 오른쪽은 서양 사람들한테 쇠젓가락을 쓰게 하고 찍은 뇌 사진이에요. 이 사람들이 힘들어하는 거죠. 뇌 전체가 활성화가 되어서 열심히 잡으려고 하는 거죠. 이런 것도 재미있는 거 같아요. 젓가락질처럼 일상적인 행동을 하는 데도 뇌가 직접 관여한다는 것입니다.

### 살아있는 몸 안의 뇌를 들여다보다

이런 연구 결과가 모두 우리가 뇌를 정확하게 관찰하게 된 데서 나온 겁니다. 특히 죽은 사람의 뇌가 아니라 살아있는 사람의 뇌를 말이죠. 이런 실험 방식을 일러 '인 비보in vivo'라고 부르는데, 라틴어로 '살아있는 몸 안에서'라는 뜻이에요. 말 그대로 살아있는 생체를 대상으로 하는 실험 방식이죠. 죽은 사람의 뇌를 해부해서 보던 시대는 기술의 발달로 인해 이미 지났어요. 지금은 살아있는 사람의 뇌를 해부하지 않고 들여다보면서 실험을 하는 시대입니다.

심지어 요즘은 이런 것도 해요. 심부뇌자극술deep brain stimulation이라고 해서, 머리 깊숙한 곳에 전극을 집어넣어서 뇌를 전기로 자극하는 겁니다. 그러면 파킨슨병Parkinson's disease

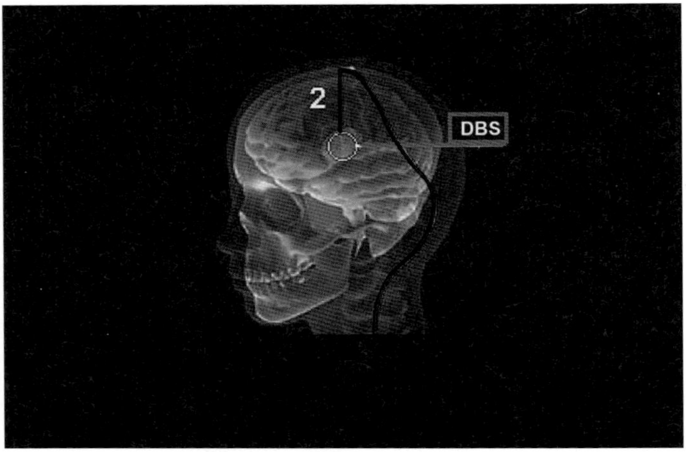

심부뇌자극술에서 전극의 삽입과 연결 모습

이 멀쩡하게, 아주 기적처럼 나아요. 지금 한국을 비롯한 전 세계의 환자 수만 명이 이 시술을 받고 있어요. 그런데 머릿속에 전극을 집어넣는 건데, 제대로 보고 넣어야지 무작정 넣을 수는 없잖아요. 그래서 환자의 머릿속을 잘 '볼 수' 있어야 하는데 그게 참 힘들어요. 자세한 이야기는 조금 후에 하겠지만, 이런 것들은 정말 섬세한 작업이에요. 뇌라는 것은 엄청나게 복잡한데, 엉뚱한 곳에 전극을 넣으면 효과도 안 날 뿐 아니라 잘못하면 여러 부작용도 있고 그렇겠죠.

저 외에도 그런 사람들이 많겠지만 저는 항상 광학적 영상과 화면을 좀 더 상세히 볼 수 없을까 하는 생각을 해요. 망원경도 그걸 위한 도구 중 하나고, 현미경도 그런 도구 중 하

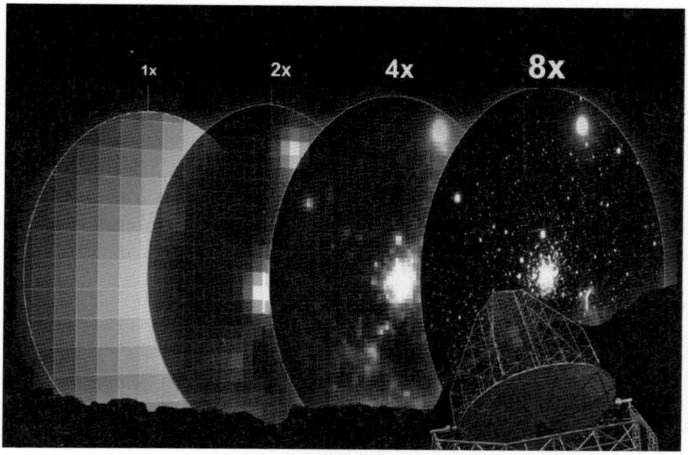


나겠죠. 지금 우리는 오백 배, 천 배, 나아가 백만 배의 배율을 지닌 망원경을 쓰고 있습니다. 한번 배율을 올릴 때마다 엄청난 돈을 들여서 개발하고 연구를 해야 하죠. 그렇지만 배율이 늘어나는 것에서 얻는 대가는 엄청나게 큰 거예요. 보세요. 아무것도 없던 데서 점점 무언가 보이기 시작하죠? 그러다가 점차 별의 윤곽이 보이기 시작하고, 결국 이렇게 많은 별을 볼 수 있게 되는 거예요. 이게 얼마나 놀라운 일입니까. 배율을 올리는 것만으로 인간이 이전에는 전혀 볼 수 없던 것을 볼 수 있게 된다는 거죠. 그래서 여러 분야에서 과학 영상의 해상도를 올리는 것을 다양한 방법으로 연구하고 있습니다.

## 질병과 맞서는 의료영상기술의 힘

시간이 제한되어 있어 그동안 우리가 연구실에서 한 것들을 간단히 말씀드릴 텐데요, 생활과 관계된 것을 이야기 해야겠네요. 엉뚱한 이야기를 하면 좀 그러니까요. 요새 5분에 한 명씩 뇌졸중stroke에 걸린다고 하죠. 그래서 죽기도 하고 장애가 생기기도 하고 그러죠. 그리고 알츠하이머 병Alzheimer's disease•도 있어요. 요즘 노인 중 알츠하이머 환자가 아주 많아요. 그리고 파킨슨 환자도 많죠. 특히 우리 또래 중에 많죠. 약을 먹으니까 증상이 쉽게 드러나지는 않는데, 손을 부들부들 떨기도 하고 그래요. 그래서 그런 분들을 우리가 좀 도와줄 수 없는가 고민하고 있어요.

그런데 뇌에서 일어나는 이런 병의 원인을 우리가 관찰할 수 있는 기계들이 과거 삼십 년 동안 획기적인 발전을 이뤘어요. CT(컴퓨터단층촬영장치computerised tomography)라는 게 나오기 시작하면서 PET가 나오고 MRI(자기공명단층촬영장치magnetic resonance tomography)가 나오고 해서 지금은 머릿속

• 알츠하이머병이란 대뇌피질의 신경세포가 죽어서 대뇌의 전두엽과 측두엽의 뇌회(腦回)가 위축되거나 줄어드는 퇴행성 뇌 질환이다. 알츠하이머병은 노령 이전에 생기는 치매의 주원인이고, 또한 노인성치매의 주요 요인 중의 하나이다. 이 병에 걸리면 언어장애, 심한 단기 기억상실, 정신기능의 진행성 상실에 이르는 지남력 상실(指南力喪失) 등이 나타난다. 현재까지 효과적인 치료법이 없는 상태이며, 알츠하이머 병의 원인은 아직 밝혀지지 않았다.

을 전부 헤집고 들여다볼 수 있어요.

처음에 나온 게 CT인데 이건 이것대로 장점이 있어요. 그리고 PET는 처음으로 살아있는 사람의 '기능'을 볼 수 있게 한 기기예요. 저 사람이 뭘 생각하는지, 보고 있는지, 말하는지, 계획을 하고 있는지 이런 것들을요. 그리고 MRI는 조금 뒤에 설명하겠지만 머릿속을 그림같이 들여다보는 기계예요. 아까도 장기현 선생과 이야기를 했는데, 지금 5만 대가 있는지 10만 대가 있는지 알 수 없을 정도로 어마어마한 숫자의 MRI, PET, CT 같은 의료영상기기가 병원에 비치되어 많은 사람들을 살려주고 있죠. 또한 이런 것들로 사람을 살리기 위한 연구도 하고 있고, 그 외에 사람이 뭘 생각하는지 이런 걸 연구하는데도 획기적인 공헌을 하고 있죠.

### 세계 최초로 PET를 개발하다

CT는 많이 알려져 있으니까, 먼저 양전자 단층촬영 PET을 설명하겠습니다. PET는 물리학이 의학의 영역을 침범한 것이라고 볼 수 있습니다. 양전자 단층촬영이라고 하니 이름도 아주 거창한데요. 어떤 동위원소들은 양전자를 뿜어내면서 없어지죠. 양전자•들은 사실 지구가 막 생길 때에만 있었고 지금은 다 없어져서 다시 찾아볼 수 없습니다. 우리가 방

• 양전자(陽電子, positron)는 질량과 전하의 크기는 전자와 똑같지만 전하의 부호가 전자와 반대인 양전하를 띠는 원자구성입자를 말한다. 1932년 칼 데이비드 앤더

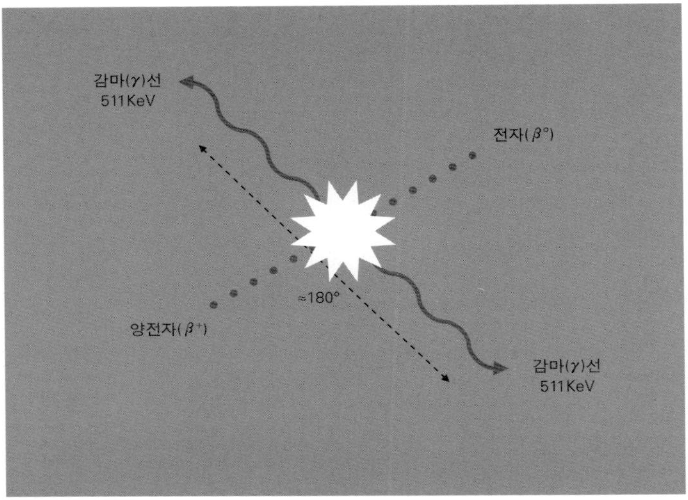


PET의 원리

사선 가속기를 틀어야 만들 수 있죠. 그렇게 만든 양전자를 여기저기 집어넣어서 사용하는 거죠.

이름은 좀 거창하지만, 원리는 간단합니다. 양전자 단층촬영은 양전자 방사성동위원소를 다른 화학물질하고 합치는 거예요. 예를 들어 포도당하고 합치는 거죠. 그러면 동위원소가 포도당을 따라가게 됩니다. 머리에서 포도당을 많이 쓰면 그리 따라가는 거예요. 가다가 동위원소가 전자를

슨이 안개상자로 우주선을 연구하다가 양전자를 발견했다. 진공에서 안정한 양전자는 물체에 있는 전자와 재빠르게 반응하면서 소멸하여 감마선이 나온다.

1975년에 조장희 박사가 UCLA에서 세계 최초로 연구 개발한 PET의 원형

만나면 소멸annihilation하게 됩니다. 동위원소가 없어지면 두 개의 감마γ선으로 변해요, 그리고 이때 나오는 감마선은 정확하게 반대 방향으로 가요. 그래서 이 두 개의 감마선을 검출하면 이 선상에서 뭔 일이 벌어졌구나 하는 것을 우리가 알 수 있죠. 거 참 신통하죠? 엑스레이를 쏘면 직선으로 투과하는 거지만 여기서는 두 개의 감마선이 직선을 이루고 있는 거예요. 그래서 한 오십 년 전에 이걸 써서 무언가를 할 수 없을까 하고 연구를 시작했죠. 그게 지금의 PET라는 기계가 될 정도의 발전을 이룬 겁니다.

그러면 이 PET라는 기계의 원리에 대해 설명하겠습니

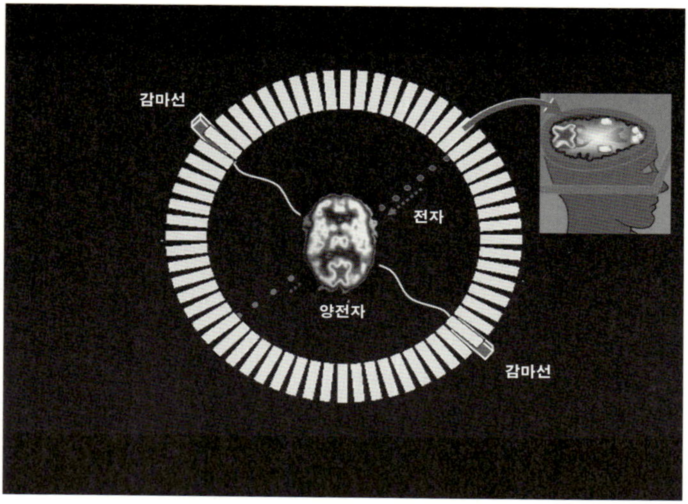

PET의 작동 원리

다. 아까 말씀드렸듯 양전자 방사성동위원소가 포도당과 합쳐져서 가다 보면 전자를 만나게 됩니다. 사실 이 지구 어디에나 전자가 꽉 차 있어요. 몸속에도 머릿속에도 공기에도 전부 전자가 널려있죠. 그래서 동위원소가 전자를 만나게 되는 거예요. 그런데 양전자가 전자하고 만나서 소멸할 때 방출되는 감마선을 우리가 핵 검출기gamma ray detector로 검출하죠. 감마선이 마구 중구난방으로 나오니까 여러 방향에서 전부 검출을 해야 합니다. 이 그림 가운데 있는 건 우리 학생인데(웃음), 사방에서 수십 개의 검출기를 가지고 검출하는 것을 컴퓨터로 계산하면 이런 그림이 나온다는 거죠.

12만 개의 검출기를 지닌 최근의 HRRT(고해상도)-PET

그래서 드디어, 인간의 몸에 정말 미량의 동위원소를 넣는 것으로 살아있는 사람의 몸 안에서 일어나는 변화를 볼 수 있게 된 겁니다. 저걸 PET라고 해요. 요새는 분자영상 molecular image이라고 많이들 이야기하죠. 이것을 제가 개발했습니다.

제가 1975년 UCLA에 있을 때 이 프로젝트를 우연히 시작하게 되었어요. 그 당시에는 뇌과학이 별로 발달하지 않아서 사람이 아닌 개를 가지고 실험을 했죠. 그때는 64개의 핵 검출기를 갖고 했는데, 이게 당시에는 어마어마한 규모의 프로젝트 중 하나였어요.

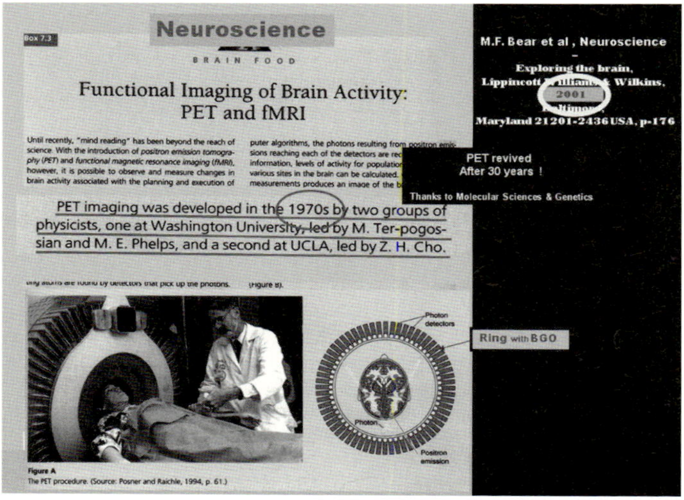


권위 있는 신경과학 교과서인 〈신경과학*Neuroscience*〉에 조장희 박사의 발명품으로 소개된 PET

그런데 지금은 무려 12만 개의 검출기를 사용하고 있어요. 삼십 년 동안 엄청나게 발전을 한거죠. 컴퓨터가 발전한 덕에 PET도 지금은 쓸만한 기계가 됐어요. 지금 이 기기를 가천대학교에 가져와서 쓰고 있어요. 세계에서 여섯 대밖에 없는 것을 우리가 가져온 거예요.

그리고 2000년대에 들어 신경과학이 비약적으로 발달하기 시작했어요. 그런데 〈신경과학*Neuroscience*〉 교과서에 PET는 '조장희가 UCLA에서 발명한 것'이라고 나오더라고요. 사람은 오래 살고 봐야겠다는 생각을 했습니다. (웃음)

우리의 뇌에는 신경 시냅스가 있어요. 무슨 이야기냐 하면 신경 신호가 오면 여기서 물질들이 나와서 수용체 같은 데 붙으면 이온이 흐르는 거예요. 예를 들어 세로토닌 같은 거죠. 세로토닌이 부족하면 우울증에 걸린다고 하죠. 우울증 환자들도 우울증 약을 제대로 먹으면 자살에까지 이르는 경우는 거의 없어요. 그런 약들을 먹으면 세로토닌이 머리에서 나오게 되어서 우울증을 완화해줍니다.

그래서 학자들이 이런 뇌과학적 지식을 토대로 여러 가지 약들을 개발하고 연구해왔습니다. 이 약들의 원리가 이론적으로 규명된 것도 있지만, 약을 주면서 뭘 주는지 모르는 경우도 아직 너무 많아요. 예를 들어 이런 식이에요. 어떤 약을 주면서 환자한테 며칠 먹어보라고 해요. 먹어 보고 사흘 후에 괜찮냐고 물어보니 좋아졌다고 하더라, 그러니까 효과가 있다 하는 식으로 간주하는 약도 있어요. 문제는 이 약의 성분이 머릿속에서 어떻게 작용하는지 하나도 모른다는 거예요. 그래서 우리가 약을 연구하는데도 PET가 쓰이고 있습니다. 약을 더 줘야 하는지, 나아가 그 약이 과연 쓸 만한 것인지를 PET로 확인하는 겁니다.

또 암 같은 것의 증상을 연구하는 데도 PET를 많이 쓰고 있어요. 왼쪽 사진은 암 수술을 하고 찍은 MRI인데, 이런 사진만으로는 수술이 잘된 것인지 정확히 알 수 없어요. 그런데 오른쪽 사진처럼 PET로 보니까 여기에 아직도 암이

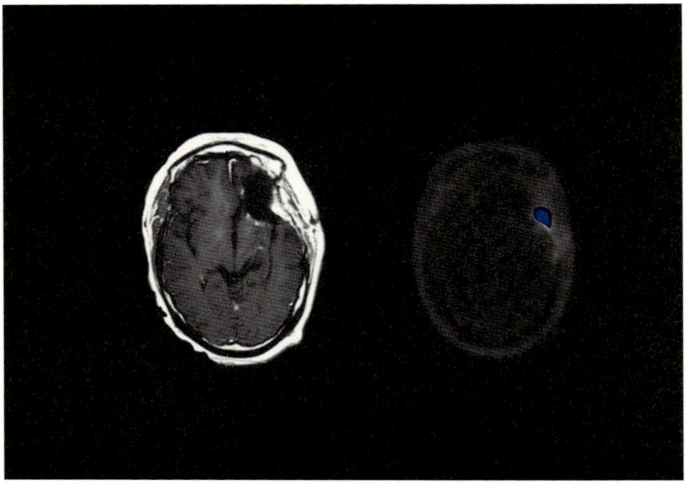

수술 후 암세포의 영상(좌측은 MRI, 우측은 PET). PET영상에서는 암세포의 활동이 분명하게 보인다

남아 있어요. 암세포가 열심히 DNA에서 에너지를 쓰고 있으면서 확산하고 있는 거예요. 바로 재수술을 해서 깨끗하게 제거해야 하는 거죠. MRI로는 이 부분을 확인하기 어려운데, PET로는 가능한 거예요.

그리고 요즘은 이런 연구도 합니다. 여기 공부 잘해서 좋은 학교 온 사람이 많은데, 저는 생각이 좀 달라요. 그렇게 엉성한 시험들 치지 말고, 머리를 진짜 보자는 말이죠. 머리를 들여다봐서 누구 머리가 우수한지를 보자는 얘기에요 왼쪽 사진의 뇌는 지금 포도당을 많이 쓰고 있는 거예요. 포도

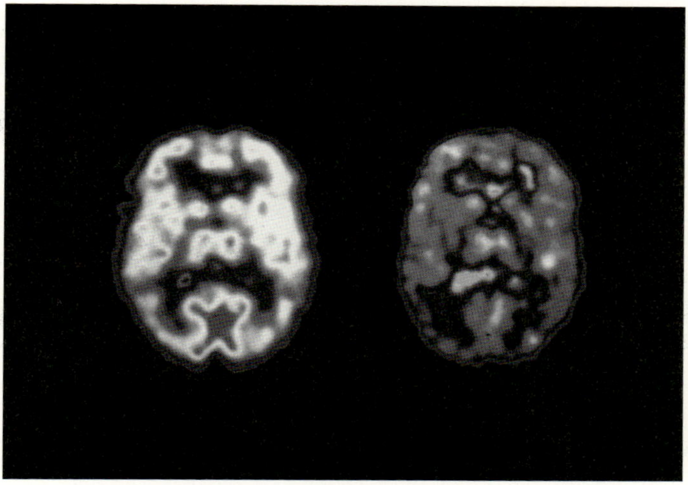

수학 문제를 풀 때 뇌 활성화의 차이

당을 많이 쓰니까 노랗죠? 오른쪽은 많이 안 써서 파랗게 보여요. 이 둘 중에 누가 머리가 좋은 사람 같아요? 언뜻 보기에는 왼쪽 사람이 확실히 머리가 좋은 거 같아요. 뇌가 뭔가를 열심히 쓰면서 왕성하게 활동하니까요. 그래서 수학문제를 줬더니 이쪽이 역시 잘 풀고, 오른쪽은 못 푸는 사람일까요? 천만에요. 그렇지 않아요. 오른쪽 사람이 더 머리가 좋아요. 왜죠? 머리를 안 쓰고 쉽게 푸니까 머리가 더 좋은 거예요. 저는 서울대에서 처음으로 이걸 써서 학생들을 걸러냈으면 좋겠다는 생각이 있어요. (좌중 웃음) 여러분 동의해요? 그러면 여기서도 떨어질 사람들 많을 거야. 전부 속여서 들어온 사

람들 많으니까. 나도 그랬고 옛날에. 이런 걸 해보자 하면 나도 떨어질 거예요.(웃음)

## MRI의 한계에 도전하다

요새는 팔찌를 자석으로 만들어서 끼고 다니는 사람들도 있고 별별 사람이 다 있죠. 그런데 그런 것보다 수만 배 강한 자기장에 사람을 집어넣으면, 자기 공명이 일어나요. 그때 외부에서 고주파 같은 것들을 조작해서 공명할 때 부산물로 나오는 신호를 받아서 컴퓨터로 신호처리를 하면 아주 깨끗한 이미지가 나와요. 아름다운 이미지에요. 이걸 자기공명단층촬영장치MRI라고 합니다. 이 그림을 보면 아주 기가 막히죠. 소뇌도 보이고 뇌간도 보이고 뇌 속이 다 보이잖아요. 이걸 보고 의사들은 일반인들보다 더 기막혀 합니다. 이게 벌써 이십 년 전의 이야기에요.

제가 1985년에 KAIST에서 처음으로 2만 가우스Gaus MRI 기기를 개발했어요. 지구 자기장이 0.2가우스니까 십만 배가 큰 거죠. 그런 자기장에 사람이 들어가도 괜찮을까요? 그래서 처음에 기기를 가져다놓고 학생들한테 실험하자니까 아무도 안 들어갔어요. 그래서 내가 몇 번 들어가니까, 들어가도 괜찮은가보다 하고 학생들이 들어갔죠. 우리 학생들은 연구소 졸업할 때까지 적어도 천 번은 이 속에 들락날락했어요. 그런데 재미있는 건 우리 실험실 졸업한 학생들은

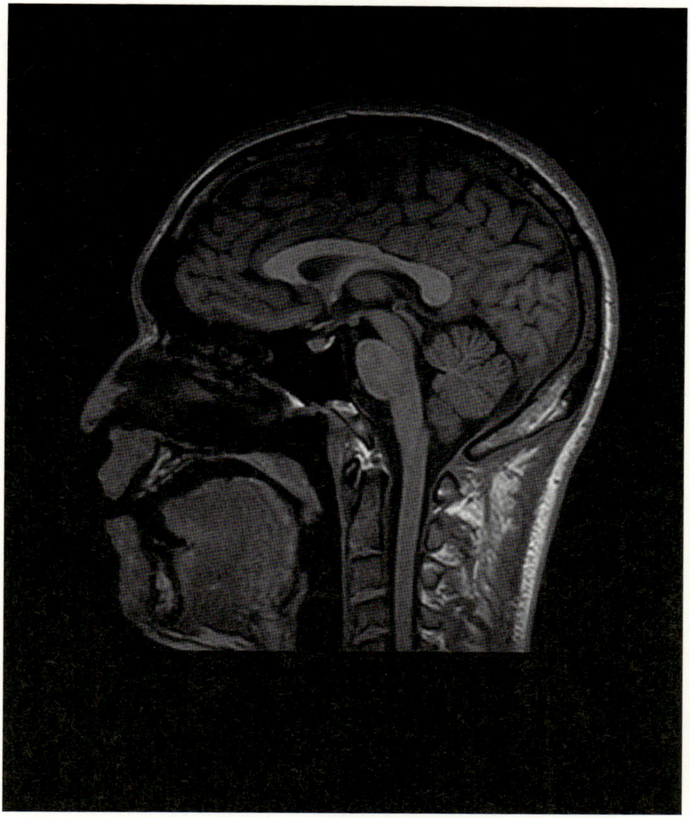

1.5T MRI로 찍은 인간의 뇌

전부 아들만 낳는다는 거예요. (좌중 웃음) 그래서 그것도 이야깃거리가 되었어요. 요즘은 이런 기계들이 다 없어졌지만. 이 사진을 보면 지금은 KAIST 교수가 된 박현욱 학생이 헬륨

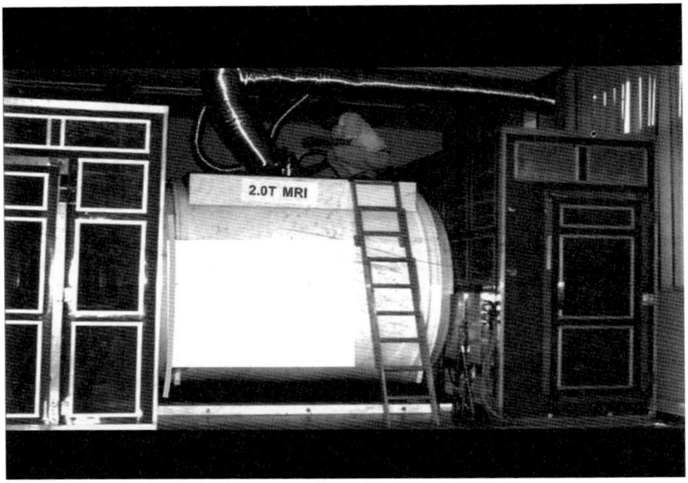

조장희 박사가 개발한 세계 최초의 2.0T MRI에 헬륨을 주입하는 모습

을 집어넣고 있어요. 이건 초전도 자석이라 냉각하려면 액체 헬륨을 넣어야하는데, 당시 헬륨 값만 한 달에 오백만 원씩 들어갔어요. 그래서 이거 대느라고 내가 골치가 아팠죠. 그 당시에는 아무것도 없을 때니까 이런 장비들을 우리 학생들이 전부 땜질해서 만들었죠. 80년대 초반의 일이에요.

그리고 이십 년이 지났어요. 요새는 울트라 하이 필드Ultra High Field MRI라는, 7T(T=tesla, 1T는 1만 가우스)짜리 초 고자장의 기기가 있어요. 예전보다 세 배가 더 강해서 옛날에 못하던 걸 할 수 있습니다. 그런데 자장이 클수록 신호가 많이 나오는 건 예전부터 알고 있었지만, 그걸 구현하기가

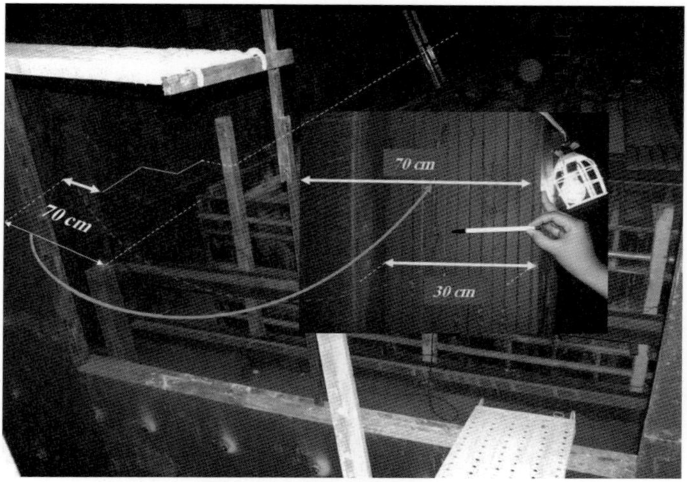


7T MRI의 자기장 차폐, 70cm의 철판을 사용해야 한다

기술적으로 아주 힘들었어요. 그래서 만들어내지 못하고 있었는데, 서서히 기술이 발달하면서 만들 수 있게 된 거예요.

이게 7T 기기에요. 제가 처음에 2T 기기를 도입한 지 이십 년 만인 2005년에 이 기계가 들어와서 저도 아주 감개무량했죠. 그런데 이건 좀 만만치가 않았어요. 이 기기를 집어넣으려면 이런 철판으로 자장을 차폐해야 돼요. 그 철판 두께가 70cm에요. 그래서 차폐만 하는데 20억이 들었어요. 그런데 걱정이 되어서 밤잠이 안 오는 거예요. 이 장치를 다 해놓고도 전원을 켰을 때의 자장이 워낙 세니까 혹시 켰다가 전부 들러붙으면 어떻게 될까 걱정했죠. 그런데 다행히 지금

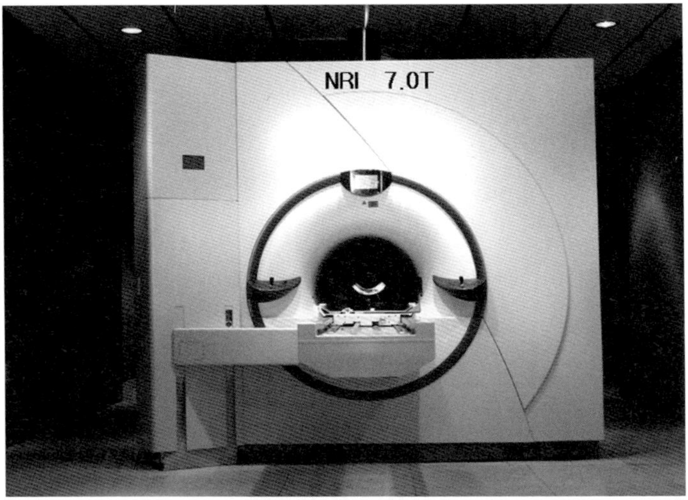


7T MRI 기기의 모습

7T MRI에 사용하는 전용 코일

은 이렇게 완성이 되어서 우수한 영상을 얻고 있어요. 혹시 여러분들이 와서 7T MRI로 내 머리를 한번 찍어 봐야겠다거나, 요즘 기분이 이상하고 골치가 아프다던가 생각을 오래 할 수가 없다던가 해서 삶에 지장이 있다 하는 사람들이 있으면 여기 와서 찍어보세요. 자원에 대한 보상비로 저희가 3만 원씩 줍니다. (일동 웃음) 서울에서 오면 교통비는 되는 거죠.

이런 것을 하기 위해서는 여러 가지 기술적으로 어려움이 있는데, 이런 기술 때문에 발전이 저해됐던 거죠. RX 리시버 코일이나 라디오 프리퀀시radio frequency 코일을 만들어야 하는데, 이런 것들을 만드는데 여러 가지 복잡한 과정이 있었어요. 그래서 2T에서 7T까지 가는 데 이십 년이 걸렸어요. 7T 기기에는 이런 코일들이 들어가 있어요.

그런데 7T MRI로 보면 참 놀라운 이미지가 나와요. 이게 아까 본 이미지죠? 과학이라는 건 '비교하는' 거예요. 두 사진을 비교해 보죠. 왼쪽의 1.5T 사진도 전체적으로 보면 이미지가 잘 보이는데, 이걸 확대해서 보니 이렇게 보여요. 확대해서 보니까 그림이 잘 보이지 않고 흐릿하죠.

그런데 오른쪽 사진은 7T로 찍은 거예요. 여러분들이 보기에도 어때요? 여기에 줄이 선명하게 그어져 있죠. 이걸 피질척수로Corticospinal Tract라고 해요. 이건 흑질Substantia Nigra, 적색핵Red Nucleus, 이건 시상Thalamus이라고 하죠. 이게 너무 자세하게 보여요. 그래서 이 영상을 가지고 여러 가지 연구를

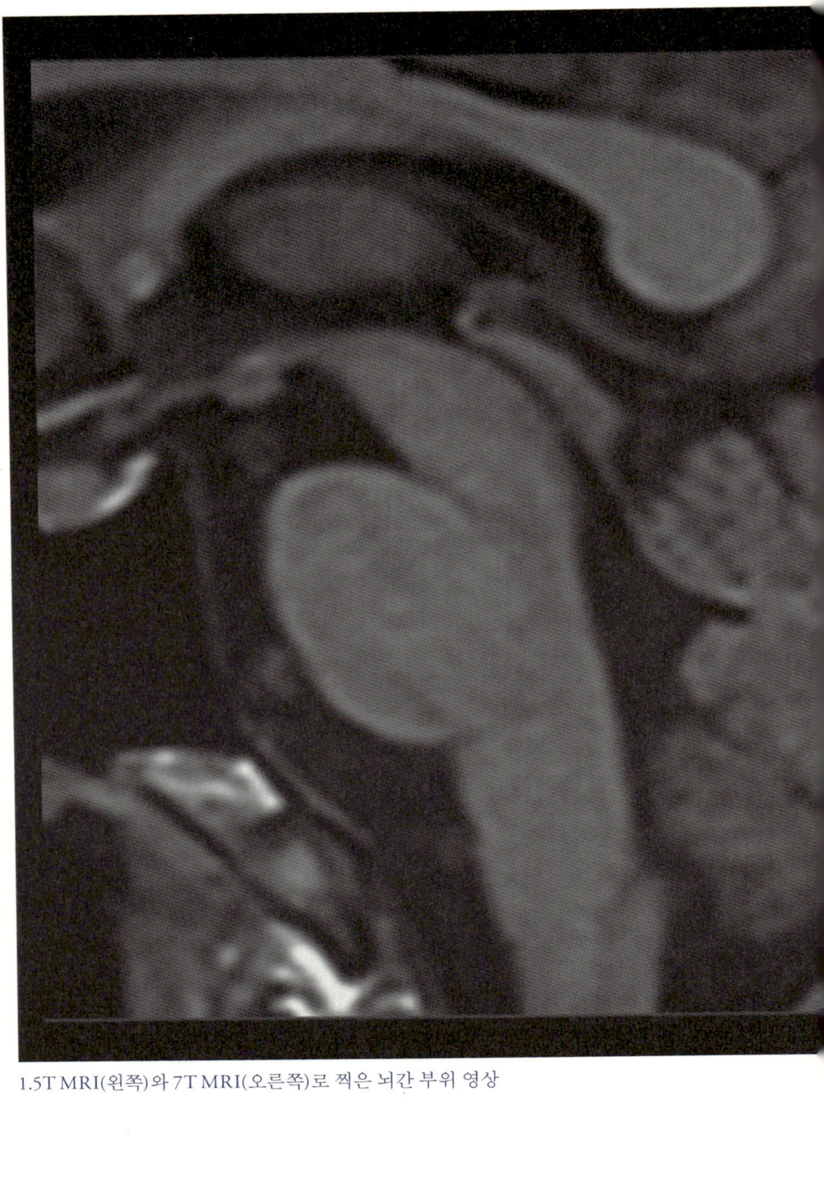

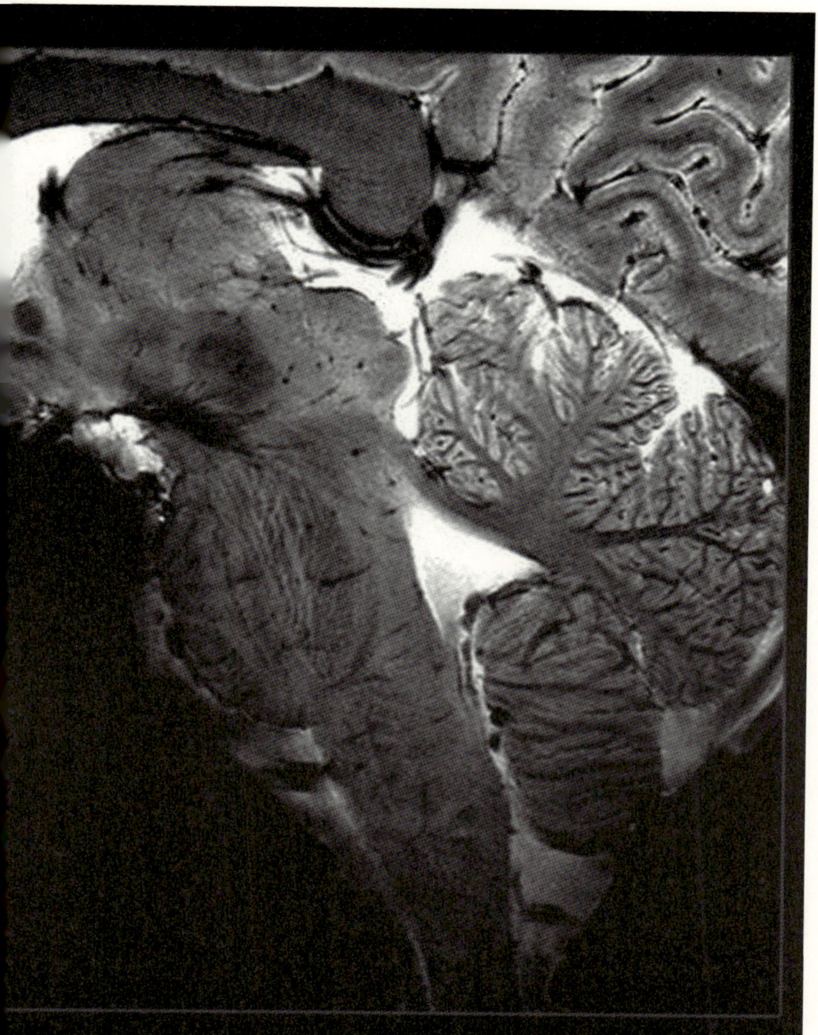

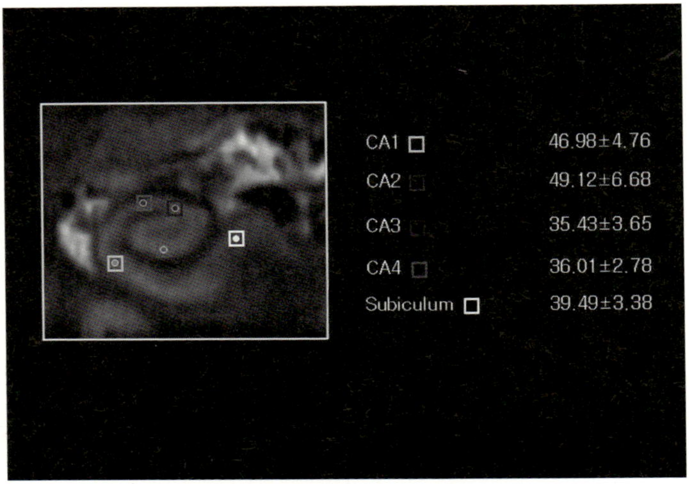

7T MRI로 찍은 영상의 해마 부위의 정량적 해석

할 수 있겠다는 생각이 들었죠.

기존에는 뇌가 망가지면 죽은 다음에야 볼 수 있었죠. 산 사람의 머리를 열 수 없으니까. 그리고 열어본다고 해도 이렇게 자세히 볼 수가 없었어요. 그런데 이제는 뇌 속의 자세한 것들이 이렇게 잘 보이는 거예요. 이걸 딱 잘라서 보면, 지나가는 뱀 같은 혈관들이 전부 보이죠. 신경과학을 하는 사람들은 '와 이걸 볼 수 있구나' 라며 깜짝 놀라죠.

이 그림은 해마라고 하는데, 치매하고도 관련 있는 부분이에요. 여기가 망가지면 기억을 못 해요. 이게 이렇게 잘 보이니까 이런 연구들을 우리가 할 수 있었어요. 이 실험은 그림에 CA1, CA2라고 표시된 영역의 여러 사람 평균값을 내본 거예요. 그리고 값이 다르면 뭐가 다르고, 거기에 따라서 무슨 결과가 있는지도 알아봤어요. 보니까 CA1의 값을 평균 내보면 46.98에 ±4.75, 그리고 CA2는 49.12 ±6.68, CA3은 35.43 ±3.65 정도 나와요. 저 영상을 바탕으로 치매환자들은 저 부분의 값이 다를 것이라 추정해볼 수 있는 거죠.

### 뇌졸중Stroke을 진단하고 예견한다

자 이제 뇌졸중을 한번 보죠. 뇌졸중을 아는 게 우리가 살아가는 데 당장 필요하니까 말이죠. 뇌졸중이란 뇌의 각 부분에 혈액을 공급하는 혈관이 막히거나 터져서 그 부분의 뇌가 손상되어서 나타나는 장애에요. 그래서 혈관조영술angiography•을 통해서 뇌의 핏줄을 보는 거죠. 그러면 뇌졸중의 전조증상이 있나 없나 알 수 있을 거예요. 7T MRI로 보면 가늘고 작은 핏줄들이 다 보이죠.

해상도가 자꾸 좋아지면서 부분용적 효과partial volume effect로 화면에서 볼 수 있는 정보가 비약적으로 늘어나는 거예요. 간단히 말하면 나누면 희미하게 보이지만 나누지 않으

• 혈관조영술이란 진단방사선학(診斷放射線學)의 한 방법으로서 동맥과 정맥을 방사선촬영으로 검사하는 것을 말한다. 재래식 방사선촬영에서는 주변의 기관들로부터 동맥이나 정맥을 구별할 수 없기 때문에 주변 조직과 혈관을 구별시켜주는 물질인 조영제를 혈관 속으로 주입해야 한다.

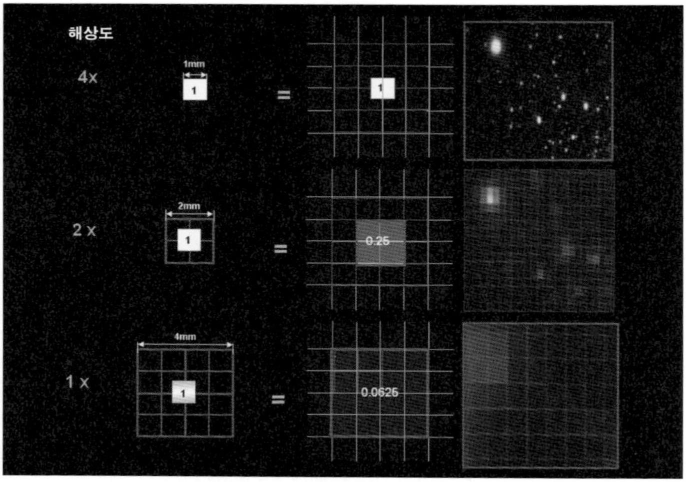


부분용적 효과partial volume effect의 개념

면 해상도가 좋아지는 거죠. 예를 들어서 해상도를 두 배로 늘리면 해독 가능한 정보량은 네 배가 되고, 해상도를 네 배로 늘리면 정보량은 열여섯 배가 됩니다. 그래서 여기서는 하나도 안 보이던 것이 조금 보이고 여기선 완전히 보이는 거죠.

만일 뇌 혈관을 볼 때 이만큼 해상도를 개선할 수 있다면, 그 결과물은 하늘과 땅 차이겠죠. 그러니까 해상도가 불과 네 배 좋아졌는데 미세한 혈관들이 보이느냐 안 보이느냐에 있어서는 엄청난 차이를 가져오는 겁니다.

그래서 이 사진은 1.5T MRI 기기로 찍어본 거예요. 1.5T MRI는 일반적인 병원에 있는 거예요. 그래서 비교를 해

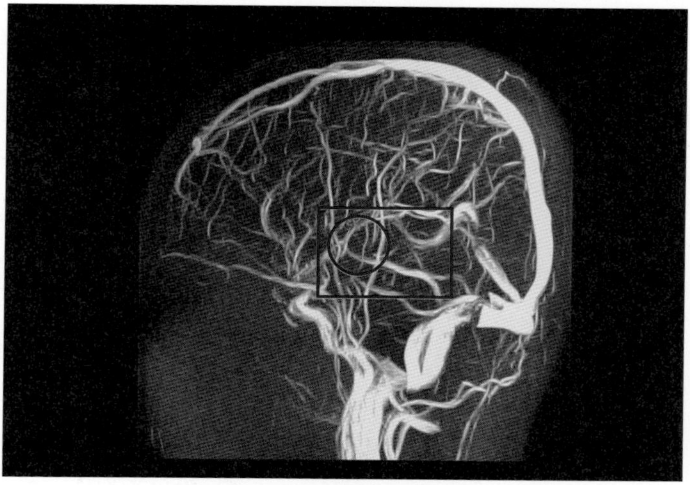

1.5T MRI로 찍은 혈관 영상(동그라미 안쪽은 시상 부위)

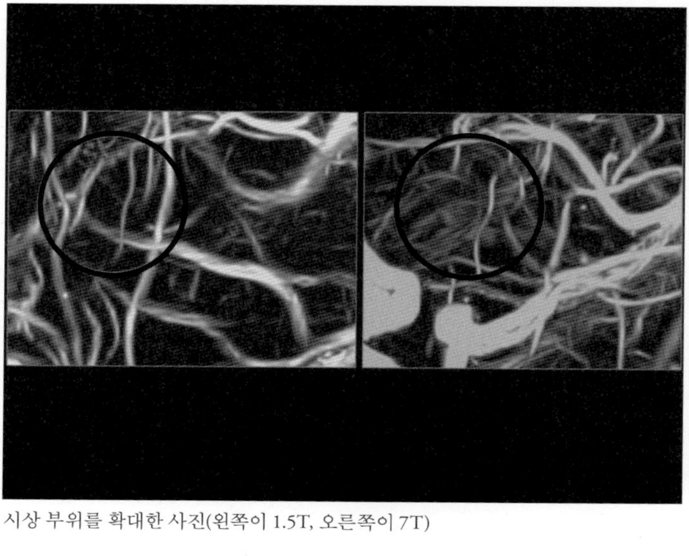

시상 부위를 확대한 사진(왼쪽이 1.5T, 오른쪽이 7T)

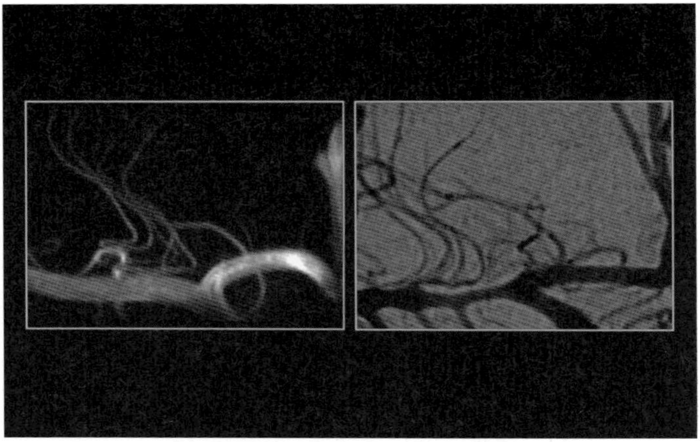

7T MRI와 DSA로 찍은 렌즈핵 선조체 동맥 사진(왼쪽이 MRI, 오른쪽이 DSA)

봤죠. 1.5T로 찍어도 핏줄이 꽤 많이 나오죠? 사각형 안쪽이 시상Thalamus 쪽인데, 여기를 7T로 찍으면 이렇게 혈관이 많이 나와요. 그래서 비교를 하니까 1.5T 쪽에서는 여기가 텅 비어 있어요. 다시 말하면 1.5T에서는 이런 상세한 것을 보지 못하고 있다는 거죠. 그래서 이걸 보면서 한번 제대로 과거에는 정말 보기 어려웠던 부분을 재봐야겠다고 생각했어요.

그래서 렌즈핵 선조체 동맥Lenticulostriate Artery이라는게 있어요. 이건 머리 깊숙한 가운데 들어가 있어요. 기저핵이라는 부분에 피를 공급하는 것인데요. 이건 정말 재기가 어려워요. 이것을 재는 방법은 여태까지는 째서 플라스틱 튜브를 집어넣고 엑스레이로 찍는 거였는데, 산 사람을 그렇게 하는

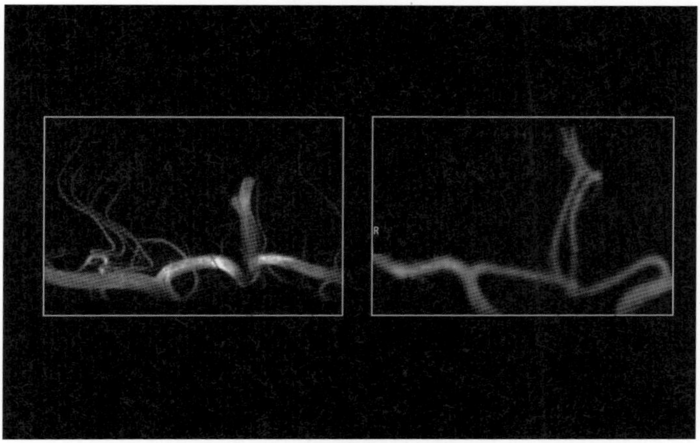


7T MRI와 1.5T MRI로 찍은 렌즈핵 선조체 동맥의 영상
(왼쪽이 7T, 오른쪽이 1.5T)

건 어렵죠.

이 부분이 바로 렌즈핵 선조체 동맥이에요. 이게 이렇게 작아요. 굵기가 0.3mm 정도예요. 이게 오른쪽 기저핵에 피를 공급해주죠. 이 혈관이 막히면 어떻게 되겠어요? 뇌졸중이 오거나 마비가 되고 그러는 거죠.

그래서 이 부분을 찍어 봤어요. 왼쪽은 7T로 찍은 거고 오른쪽은 DSA라는 X선 조영술로 찍은 거예요. 오른쪽은 말씀드린 것처럼 혈관을 째서 가느다란 관을 집어넣고 조영제contrast agent를 집어넣어서 하는 거죠. 그런데 왼쪽은 가서 그냥 오 분 드러누워 있으면 나오죠. 앞으로 이런 것이 뇌졸중 같은 것을 쉽게 막을 수 있는 기술이 되는 거예요. 그래서 앞으로 더욱 발전하면 여러 가지 예방과 치료가 더욱 수월하게 되겠죠.

오른쪽 사진도 한 예죠. 왼쪽의 7T 사진에서는 아주 가는 혈관들이 전부 나오죠. 그런데 지금 있는 1.5T 기계로 찍으니까 오른쪽 사진에서는 아무것도 안 나와요. 똑같은 사람인데 이렇게 다르게 나와요. 그래서 이런 고성능 시스템의 힘을 우리가 알 수 있는 거죠. 이게 바로 내가 아까 보여준 해상도의 부분용적 효과partial volume effect예요. 그래서 감도sensitivity가 올라가고 전에는 하나도 안 보이던 혈관이 이렇게 잘 보이게 되는 거예요. 그래서 실제로 7T 기계로 뇌졸중 환자를 찍어보니까, 아닌 게 아니라 이 부분이 텅 비어 있었어요. 이런 것들도 재미있죠.

한번은 우리가 일반인 40명을 찍어 봤는데, 이런 사람이 나오는가 하면 이런 사람이 있고 그래요. 왼쪽의 이 사람들은 전부 정상인이라고 자부하고 온 사람들이에요. 그런데 보니까 이상해요. 그래서 다시 찾아보니까 고혈압 환자들이예요. 혈압이 105에서 150 사이인 거죠. 오른쪽 사람들은 정상이었죠. 혈압이 70-100 정도예요. 우연히 고혈압 환자들을 찾아낸 거죠.

요즘 이런 것을 하면서 어떻게 하면 우리가 사람에 따라 편향bias이 안 되게 기계적으로 할 수 있을까 고민했어요. 독일 하이델베르크Heidelberg대학의 연구팀들이 이런 것을 잘했어요. 그래서 그런 데이터를 받아서 새로운 영상을 만들어

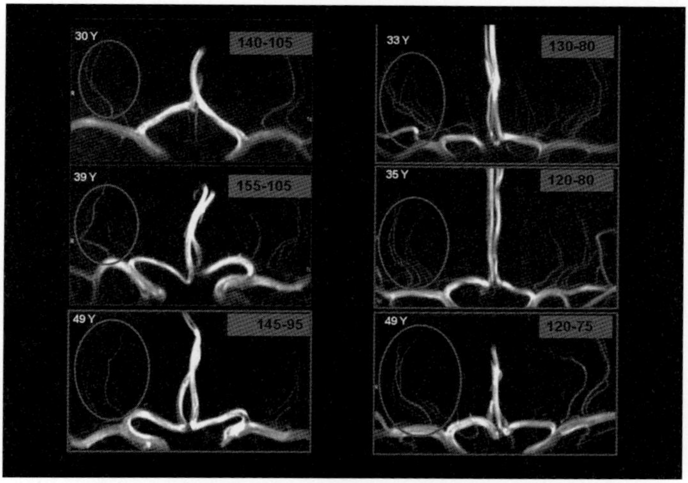

7T 혈관영상이 고혈압 검진에 쓰인 예(왼쪽은 고혈압 환자, 오른쪽은 정상인)

가져왔어요. 우리도 앞으로는 전부 기계로 하겠다는 거죠.

## 기능적 자기공명 혈관조영술fMRA을 개발하다

여러분도 아마 기능적functional 자기공명영상이라는 말을 들어보셨을 거예요. 우리가 뭘 생각하느냐, 피가 얼마나 흐르느냐, 뇌의 그 부위가 산소를 얼마나 쓰느냐, 포도당을 어떻게 쓰느냐 이런 것을 보는 거죠. 이걸 fMRI라고 해요. 지금 많이 쓰고 있죠. 예를 들어 불이 반짝반짝하는 것을 눈으로 보면 뇌의 시각피질이 이렇게 변하는 거예요. fMRI로 우리가 뇌의 여러 부위를 보고 있죠. 그래서 이건 지금 많이 연구되어 완전히 실용화되었어요.

그럼 fMRI를 하지 말고 'fMRA'를 해보자. 즉, '기능적 자기공명 혈관조영술'을 해보자는 생각이 들었어요. 핏줄 하나를 딱 잡아서 들여다보자는 생각을 한 거예요. 그래서 2008년에 우리가 처음으로 이걸 해서 〈뉴로 이미지*Neuro Image*〉에 발표를 했어요. fMRI가 아닌 완전히 새로운 거였어요. 이걸로 고해상도 혈관조영을 할 수 있게 된 거니까요.

시각 자극을 주면 시각피질의 핏줄들이 줄었다 늘었다 해요. 전에는 뿌옇게 보이던 것을 이제 핏줄 하나하나를 보고 알 수 있게 된 거죠.

그래서 시각피질의 반응을 확인하는 실험을 했죠. 자극stimulation하지 않고 쉬게 하고rest, 휴식한 다음 자극하고, 그리고 다시 휴식을 하고, 그리고 자극한 다음에 다시 휴식을 했어요. 자극을 할 때 무슨 변화가 있는지 보세요. 세 번째 사진에서 이런 변화가 있죠. 자극을 주니까 핏줄이 늘어났다가 다시 줄어드는 거죠.

그런데 이건 상당히 시간이 걸려요. 측정시간이 1분 16초 정도 걸렸어요. 최근에 와서 또 새로운 기술이 발달해서 fMRI를 하는 것처럼 fMRA를 빨리 할 수 있게 됐어요. 우리가 3초짜리 fMRA를 하기 시작한 거죠. 한 달도 안 된 거예요. 그래서 측정시간이 몇 분에서 몇 초로 내려갔어요. 이건 아주 획기적인 거죠. 이게 내가 여러분에게 처음으로 공식적

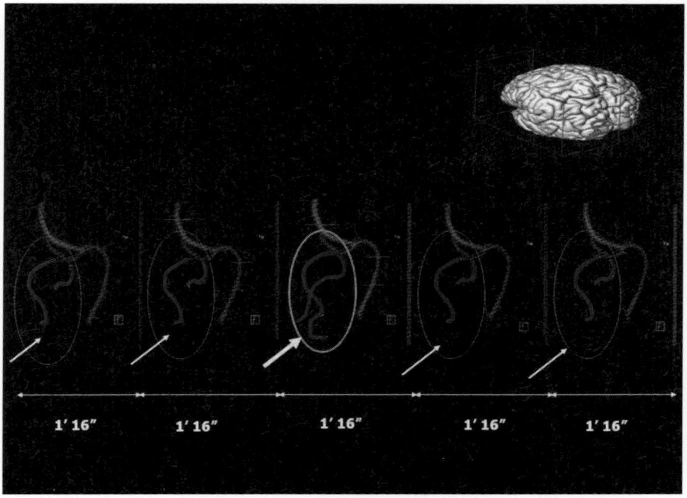


으로 공개하는 거예요. 트위스트twist라는 테크닉을 가지고 우리가 처음으로 해냈어요. 키홀key hole이나 스파이럴 스캔spiral scan테크닉 같은 것들도 사용했죠. 이게 얼마나 재미있어요? 기가 막힌 거예요. 분석을 더 해봐야겠지만 이런 것들이 너무나 재미있어요. 과학 역사상 우리가 처음으로 보고 있는 거예요.

뇌를 들여다보며 파킨슨병의 원인을 관찰하다

다음은 파킨슨병을 보죠. 여러 친구가 저한테 와서 요즘은 약을 안 먹으면 손이 떨려서 일을 못하겠다고 그래요.

그래서 뇌의 가운데 여기를 단면으로coronal view 잘라봤어요. 그랬더니 뇌의 '흑질'이라는 부분이 망가졌어요. 이곳이 망가지면 뇌에서 나오는 신호가 줄어들어요. 그래서 뭘 잡을 수가 없어요. 허리도 굽어지게 되고, 어떤 사람은 손을 떨고요.

사람마다 증상이 다르니까 초기에 이 사람이 정말 파킨슨병에 걸린 건지 아닌지 쉽게 찾을 수 없는 문제가 있었어요. 지금까지는 이미지가 열악해서 볼 수 없었는데, 이제는 해상도가 좋으니까 '직접 볼 수direct visualization' 있지 않겠는가 생각한 것이죠. 아닌 게 아니라 여기를 잘라서 볼 수 있었어요. 바로 이게 뇌의 흑질입니다.

여길 보니까 이렇게 나와요. 아마 이쪽 분야에 있는 사람은 이 영상을 보고 깜짝 놀랐을 거예요. 이게 흑질이고, 이건 이 흑질을 둘러싸고 있는 대뇌각Crus Cerebri인데, 이것들이 너무너무 깨끗하게 보이는 거예요. 이젠 전부 눈으로 볼 수 있어요.

지금까지는 오른쪽 사진처럼 1.5T 기기로, GMS라는 MRI 테크닉을 사용해서 만든 이미지가 이 정도였어요. 섬세한 이미지는 볼 수가 없었어요. 그래서 파킨슨 병의 원인을 볼 수는 없었어요.

그래서 2007년 크리스마스에 우리가 파킨슨병 환자들의 뇌 사진을 촬영해도 좋다는 허가를 받아서 아홉 명을 찍었어요. 56, 57세 정도의 같은 나이대 환자들 중에서 병이 상당히 진행된 파킨슨병 환자, 십 년 된 환자, 초기 환자들을 해봤죠. 왼쪽이 건강한 사람이에요. 건강한 사람의 뇌를 조직학histology적으로 보면 아주 깨끗하게 나와요.

그런데 이게 파킨슨 환자의 뇌에서는 달라요. 이게 건강한 사람, 이게 파킨슨병 환자예요. 어떻게 다르죠? 여기를 보세요. 화살표 있는 데가 우그러져 보이죠? 그래서 파킨슨병을 오래 앓은 사람을 한번 봤죠. 오래된 사람을 보니까 이래요. 뇌가 파괴된 패턴이 똑같아요. 단지 이 부분이 조금 더 망가진 거죠. 이제 마침내 파킨슨 병을 산 사람에게서 우리가 눈으로 볼 수 있다는 거예요. 참 놀랍다고 말할 수 있는 거죠. 이런 관찰을 여러 명의 뇌에서 하고 있어요. 이걸 볼 수 있으니까.

제가 처음에 심부뇌자극술deep brain stimulation 얘기했죠? 머리 깊숙한 곳에 전극을 넣어서 약을 먹지 않고도 파킨슨병의 증세를 없애는 방법이죠. 참 놀라운 일이죠. 어떤 사람은 잘 안 되기도 하지만, 지금 많은 사람들을 고쳐주고 있어요. '다이렉트 타겟팅direct tageting'이라고 해서 뇌 속에 전극을 곧바로 집어넣는 기술인데, 바로 이 시상하핵Subthalamic Nucleus 부분이에요. 여기다 전극을 집어넣어서 자극해야 하는데, 이전에는 여기를 직접 볼 재주가 없었어요. 보이지가 않으니까. 그래서 어떻게 했을까요? 우리가 뇌를 직접 잘라봤던 거예요.

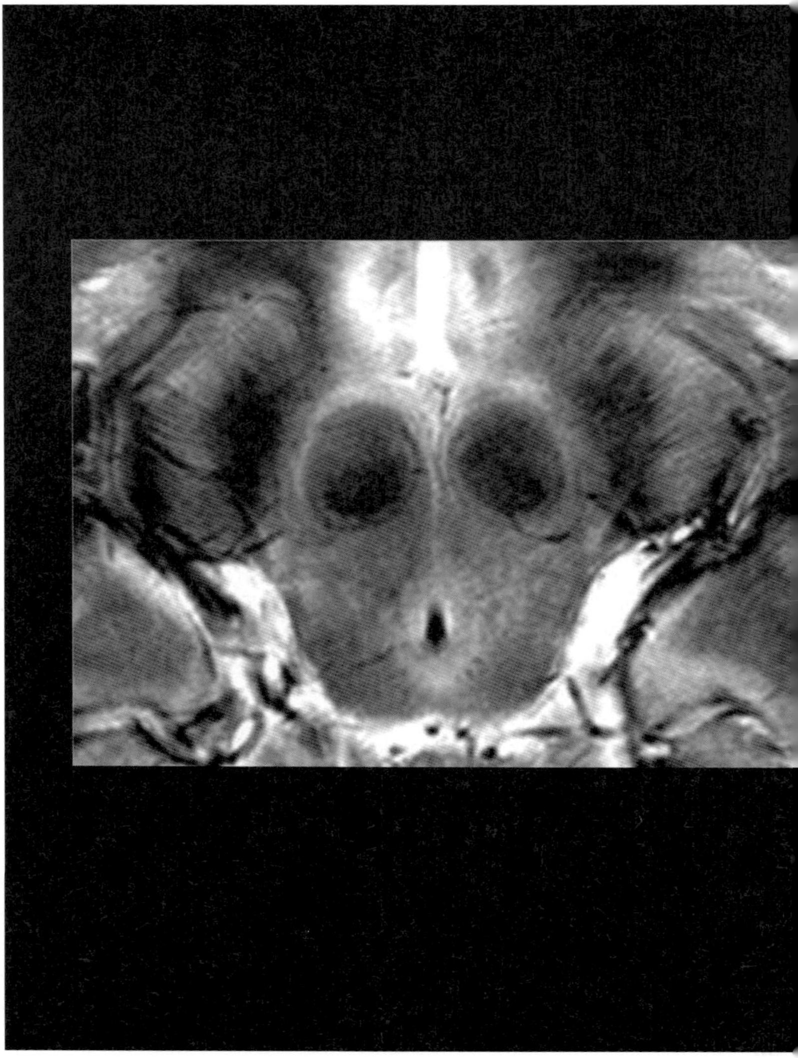

파킨슨 환자의 뇌 흑질 영상(왼쪽이 7T, 오른쪽이 1.5T)

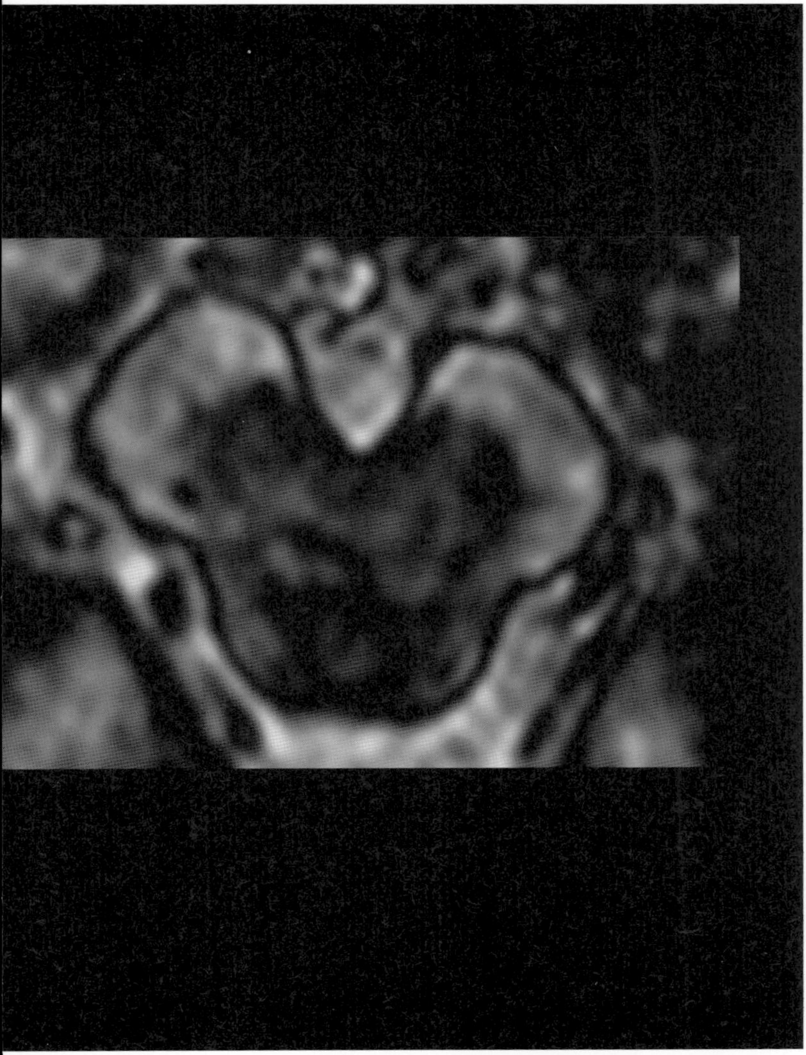

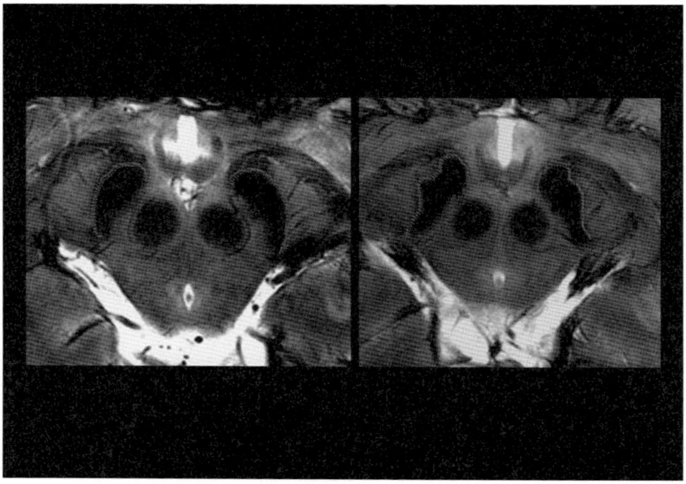

정상인(왼쪽)과 초기 파킨슨병 환자(오른쪽)의 7T 영상 비교

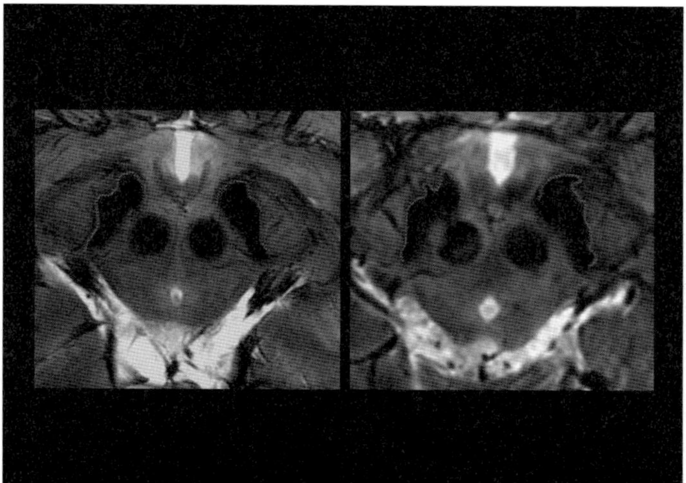

파킨슨병 초기(왼쪽)와 후기(오른쪽) 환자의 비교. 거의 같은 형태를 보이나 좀더 파괴된 것을 볼 수 있다

지금까지는 샬튼브랜드와 워렌Georges Schaltenbrand and Waldemar Wahren이라는 학자들이 만든 〈뇌지도*Atlas for Stereotaxy of the Human Brain*〉를 사용했어요. 이게 아주 '골드 스탠다드'였어요. 그런데 이 뇌지도는 죽은 사람의 뇌를 잘라서 사진을 찍어 만든 거죠. 산 사람의 뇌를 자를 수는 없으니까.

이 사진을 가지고 컴퓨터로 변형warping을 시켜서 환자와 맞추는 거예요. 그리고 환자의 뇌에 전극을 집어넣는 거죠. 그런데 이게 잘 되겠어요? 왜? 죽은 사람하고 이 환자는 다른 사람이잖아요. 그래서 사진 변형 말고도 여러 가지 실험을 해서 확인하면서 하고 있기는 해요. 그렇지만 이게 완벽하겠느냐는 거죠.

그런데 7T 기기로 찍으니까 이젠 여러 가지 컴퓨터 조작을 할 필요가 없어요. 보고 그대로 넣으면 돼요. 그래서 이렇게 세 개를 비교해보면 이런 거죠. 제일 왼쪽은 죽은 사람의 뇌로 만든 뇌지도, 그 다음에는 환자를 1.5T로 찍은 거, 제일 오른쪽은 7T로 찍은 거예요. 보시면 너무나 큰 차이가 있죠. 이렇게 직접 보면서 시술하는 것을 '다이렉트 타겟팅'이라고 합니다.

그러니까 왜 이런 것이 정말 필요하냐 하는 질문은 할 필요도 없어요. 사진을 보시면 기존의 뇌지도하고 우리가 실제로 영상을 찍은 것하고 이렇게 달라요. 여러분이라면 어떤 걸 믿고 전극을 뇌에 집어넣겠어요? 제가 작년 4월에 밴쿠버

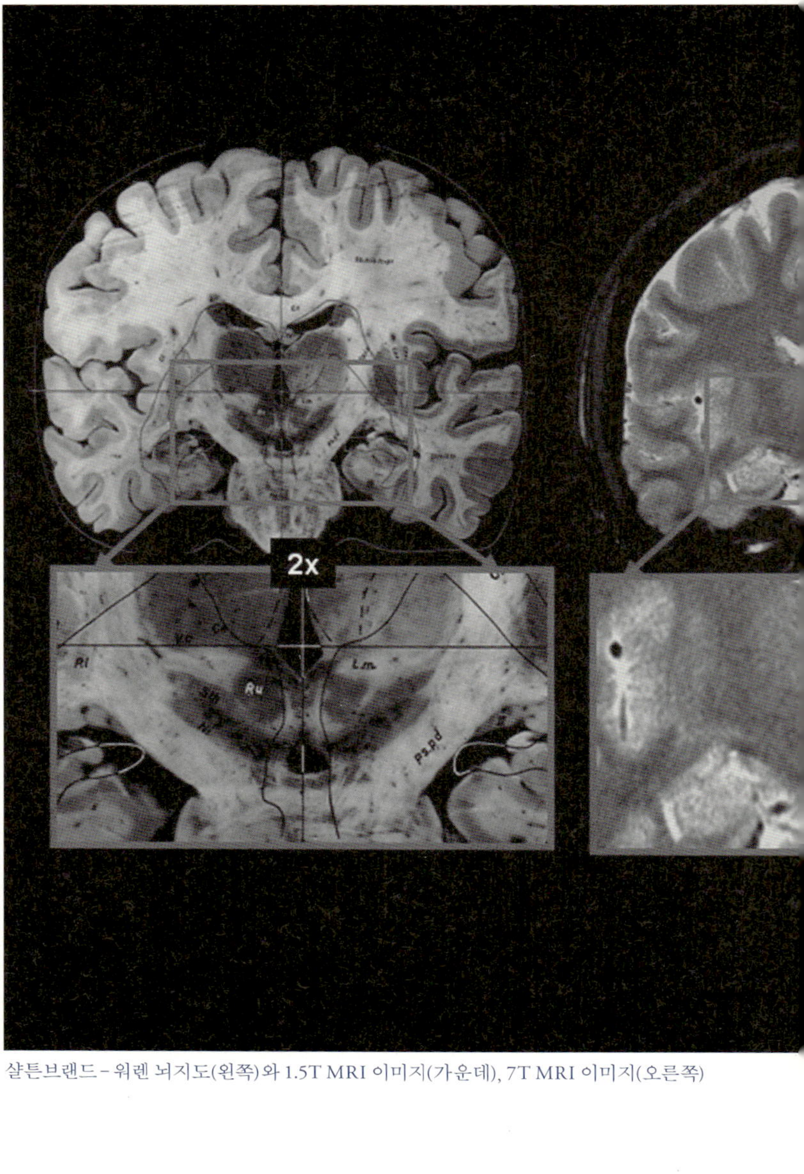


샬튼브랜드-워렌 뇌지도(왼쪽)와 1.5T MRI 이미지(가운데), 7T MRI 이미지(오른쪽)

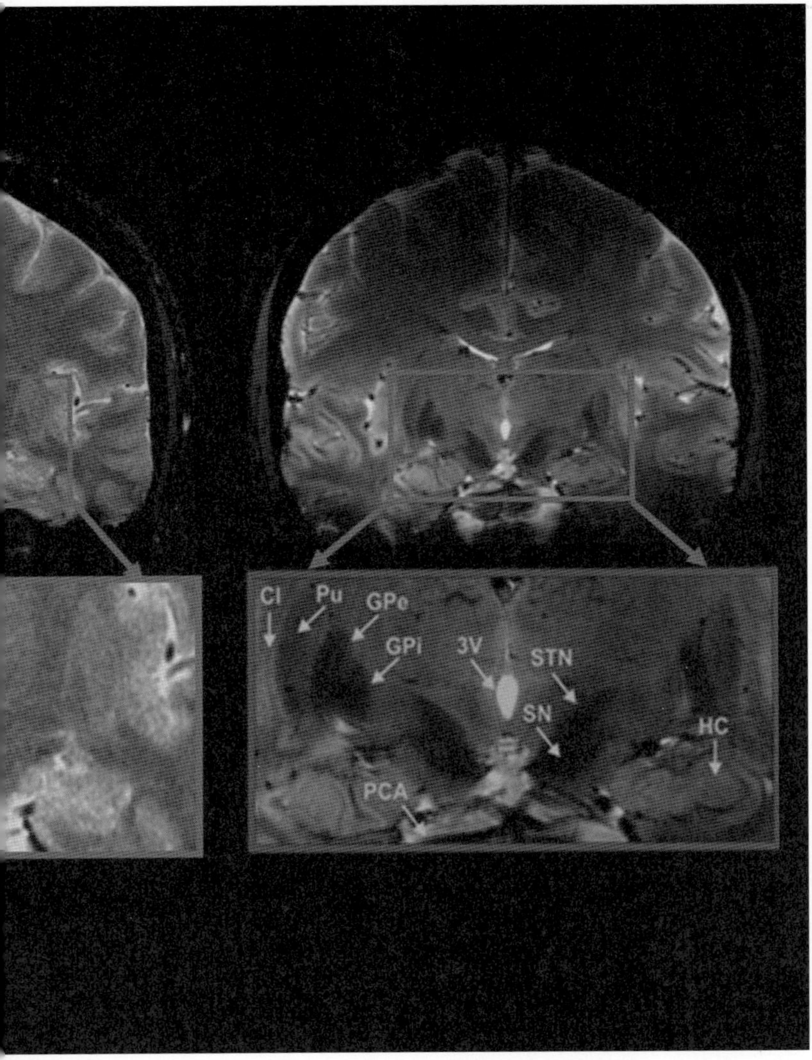
Cl
Pu
GPe
GPi
3V
STN
SN
HC
PCA

에서 열린 신경외과학neurosurgical 회의에서 이 영상을 발표하니까 청중들이 저 사진을 보고 놀라서 '와' 하고 감탄했어요.

### 알츠하이머 병의 치료법을 모색하다

다음은 알츠하이머 병에 대해 말씀드릴게요. 이것도 큰 문제죠. 알츠하이머 병은 '해마Hippocampus'라는 부분이 망가져서 생기는 병이에요. 사진을 찍어 보니까 기존의 기계로는 이 정도밖에 나오지 않아요. 하지만 7T MRI로는 한번 연구해 볼 만하다는 느낌이 들었어요.

그래서 3차원으로 뇌를 찍어서 여러 가지 시도를 해봤어요. 3D 렌더링도 하고 말이죠. 1.5T 기계로 나오는 영상 정도로는 양을 측정할Quantify 수가 없죠.

그래서 실제 알츠하이머 환자를 7T MRI로 찍어봤어요. 이게 건강한 사람의 뇌에요. 오른쪽은 확대해봤어요. 깨끗해 보이죠? 이게 환자의 뇌에요. 잘 안 보이니까 이 부분을 확대해보죠. 이게 줄어들어서 뇌척수액Cerebrospinal fluid이 들어온 거예요.

그래서 비교하니까 이래요. 말하자면 이렇게 적당히 컸던 부분이 이렇게 줄어든 거예요. 이게 줄어드는 과정을 산 사람에게서 그대로 볼 수 있는 거죠.

이렇게 줄어드는 것을 의학용어로 위축atrophy이라고 그러죠? 여기도 다 망가졌지만, 보니까 특히 이 부분이 줄어

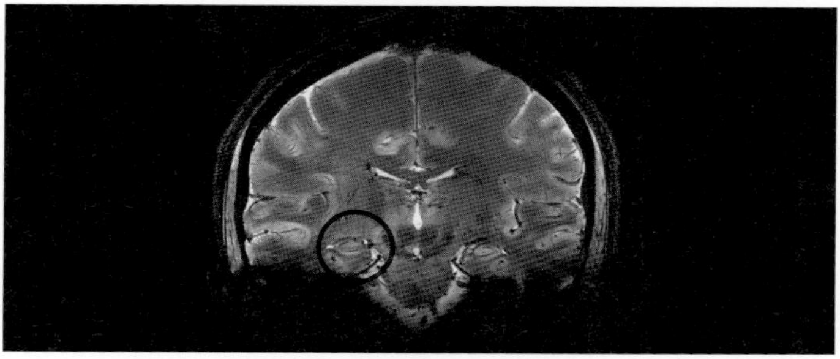

일반인의 뇌 사진(동그라미 안쪽은 해마 부위)

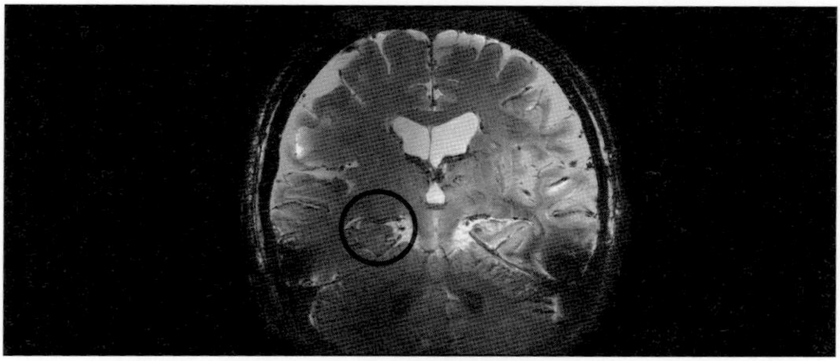

알츠하이머 병 환자의 뇌 사진(동그라미 안쪽은 해마 부위)

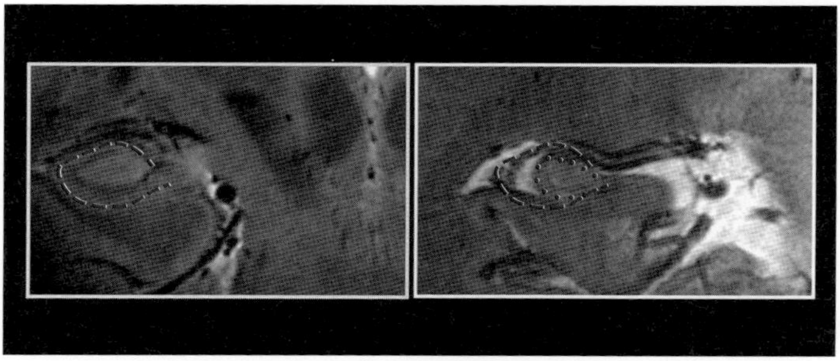

알츠하이머 병 환자와 정상인의 해마 부위 확대 사진

들어 큰일이 난 거죠. 문제는 이런 것들의 증상이 드러나는 것은 이미 이 부분이 상당히 많이 망가진 다음이라는 거예요. 그런데 언제쯤 이렇게 되는지 이전까지는 뇌를 직접 보지 못했으니까 몰랐던 거죠. 그런데 지금은 환자 100여 명의 뇌를 들여다보며 신경의학 연구자들과 함께 연구하면서 알츠하이머 병의 진단법과 치료법을 모색하고 있어요.

PET와 MRI의 융합을 시도하다

제가 끝으로 하고 싶은 이야기는, 이런 것들을 우리가 제대로 보기 위해서는 MRI뿐 아니라 분자화학 영상도 같이 보아야 한다는 거예요. 그런데 불행하게도 MRI도 알고 PET도 알고 그런 젊은 사람이 별로 없어요. 인생이 짧아가지고요. 그래서 저는 옛날에 PET를 했고 지금은 MRI를 하니까, 두 가지를 같이 볼 수도 있고, 봐야겠다는 생각이 들었어요.

그런데 이 연구에 돈을 대겠다는 사람이 없어서 못했는데, 이제 연구비를 대겠다는 분들이 있어서 한번 연구해보는 중입니다. 구상은 아주 간단합니다. PET와 MRI 두 개를 합치자는 거죠. 뇌과학 하는 사람들이 뇌를 정말 자세하게 보려면 PET도 보고 MRI도 해야 합니다. 그래서 PET-MRI 융합 시스템을 개발한 겁니다. 간단하게 말하면 두 기계 사이에 기차를 놓은 거예요. 기차의 정확도가 0.05mm인데, 이 정도는 우리가 충분히 할 수 있어요. 뭐 달나라에도 로켓을 보

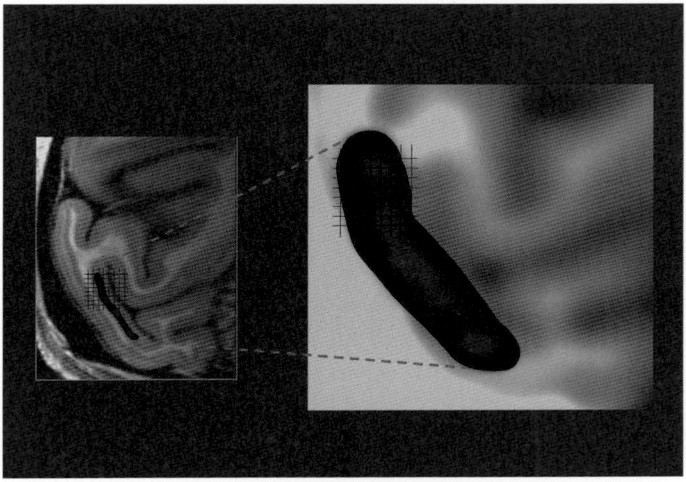

PET의 분자영상을 MRI의 고해상도 영상에 집적시키는 모형도

내는 시대니까 이런 것들은 문제가 아니죠.

그러면 그동안 이런 걸 만들기가 왜 그렇게 힘들었냐 하면, 7T라는 자기장이 너무 강해서 철판으로 막아도 거의 없어지지가 않기 때문이에요. 이렇게 자기장의 오른쪽 부분까지 막아야 좀 없어집니다. 그래서 이런 설계를 해서 실제로 만들었죠. 이게 지금 만든 거예요.

차폐문이 양쪽에 있는데 한쪽 문이 열리면서 다리를 통해 들어가죠. 그래서 문에 여러 기술적인 조치를 해야 하죠. 그래서 한 쪽에서 찍고 나오면 다시 다리를 타고 나와서 다른 쪽으로 이동하게 됩니다. 한국도 기술이 많이 발달해서

PET-MRI 융합 시스템의 개념도

이런 건 전부 국내에서 만들 수 있었어요.

우린 머리만 찍으니까 환자 침대가 다시 돌아서 들어가죠. 돌아가는 이 정밀도도 아까 이야기한 0.05mm에요. 그러고 난 후에 컴퓨터로 이미지를 합치면 됩니다. 두 번째로 들어가는 곳이 아까 말씀드린 검출기 12만 개를 가진 고성능 PET예요.

이러한 과학 기술이 어느 정도 수준인지를 보여드릴게요. 2008년 현재로는 7T MRI도, HRRT-PET(고해상도 PET)도 세계에 몇 대 없어요.

7T가 처음으로 들어간 데가 여섯 곳 정도인데, 미국의

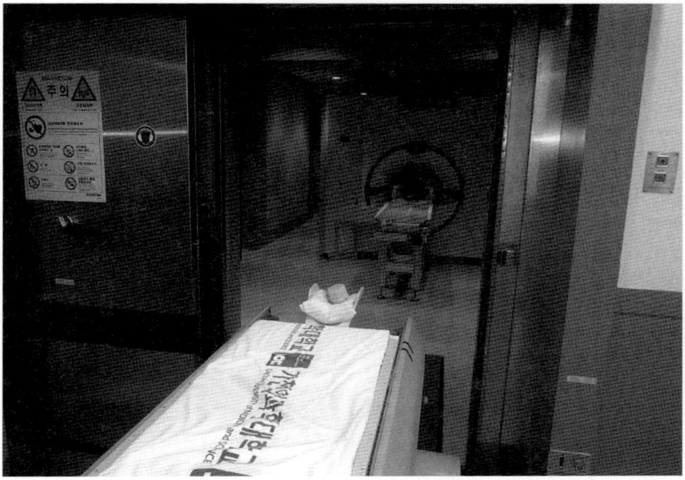


PET를 향해 움직이고 있는 환자 침대

미네소타 주립대, 하버드 대학교, 미국 국립보건원NIH, 뉴욕 대학교 정도고요. 독일이 한 곳 있죠. 우리가 들여오고 그 후 영국에서 하나 만들었어요. 그리고 제네바, 하이델베르크 등에 20대 정도가 설치될 예정이에요.

그리고 HRRT-PET는 세계에서 단 여섯 대만 만들어서 큰 연구소에만 들어갔어요. 미국의 하버드 대학교, 미국 국립보건원, 존스홉킨스 대학교, UC얼바인이 있고, 미국 말고는 캐나다에 한 곳 있었어요. 우리가 도입한 다음에는 독일 막스플랑크 연구소 등에서 들여왔어요.

그런데 세계에서 PET-MRI 융합형을 가진 곳은 유일하게 우리뿐이에요. 그래서 서울대학교, 연세대학교에서 와서 공동으로 여러 가지 연구를 하고 있습니다. 막스플랑크 연구소가 2006년에 병합형을 만들겠다고 했는데 아직 하지 못했어요.•

이런 기기의 발달사를 정리해 보면 굉장히 재미있는 거 같아요. CT가 1972년에 나오고 PET가 1975년, fMRI와 PET-CT가 2000년대 초에 많이 보급되었습니다. 아마 그 다음이 PET-MRI가 될 거예요. 이 기기들은 가격이 한 1,500만-2,000만 달러 정도 되는 것들이에요. 재미있게도 80년대에 우리가 만든 첫 번째 MRI가 서울대학교병원에 들어갔을 때의 가격이 거의 20억 원 정도였어요. 아마 그때의 20억 원이 지금의 200억 원과 큰 차이가 없었을 거예요. 서울대학교병원 전체가 발칵 뒤집어져서 그걸 사느냐 안 사느냐 난리가 날 정도였어요. 그리고 아산병원에도 이 기계가 들어가려 했는데 정주영 회장이 직접 결재를 할 정도였으니까 당시의 20억이 얼마나 큰 돈인지 알 수 있죠. 느낌으로는 지금의 200억보다 훨씬 큰 거 같아요.

그래서 이런 것들이 결국 과학뿐 아니라 산업과 관계

• 2012년 12월 현재 7T MRI는 전세계에 약 40여 대가 설치되어 있으며, HRRT-PET는 약 20여 대 가량이 사용되고 있다. PET-MRI 퓨전 시스템을 보유하고 있는 곳은 조장희 박사의 가천대학교 뇌과학연구소가 유일하다. 현재 조장희 박사는 2015년 완성을 목표로 세계 최초의 14T MRI를 개발하고 있다. (인터뷰 참조)

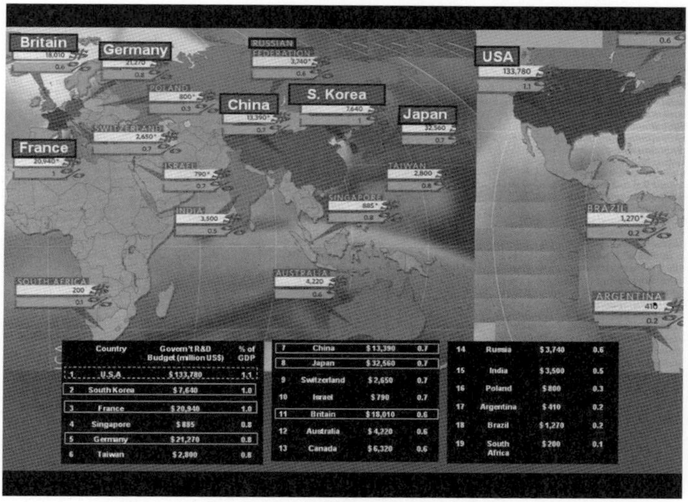


2006년 〈네이처*Nature*〉에서 정리한 세계 과학강국들의 예산규모 표시도. 한국이 세계에서 일곱 번째이며 GDP 대비 연구비는 미국을 제외하고 가장 많다

가 있는 게 아닌가 싶어요. 하지만 앞으로는 이런 크고 복잡한 것들을 만들어내지 못하면 한국에서 먹고살 게 별로 없을 것 같다는 생각이 들어요.

마지막으로 말씀드리면, 이런 데이터가 나와서 참 재미있게 봤어요. 2006년에 〈네이처*Nature*〉에 난 기사인데. 각 나라가 지금 연구비를 쓰고 있는 현황이에요. 미국이 1,300억 달러를 쓰고, 일본이 320억 달러, 한국은 76억 달러, 중국이 130억 달러, 독일이 210억 달러, 영국이 180억 달러, 프랑스가 200억 달러, 그러니까 우리나라가 세계에서 일곱 번째에요. 총 액수로. 대단하죠?

그래서 이런 것들을 보면서 우리도 이제 정말 앞선 연구를 해서 그 결과를 다른 나라랑 같이 나눠야겠다는 생각을 해요. 그런데 더 재미있는 건 한국이 GDP 대비 연구비는 미국을 빼고 제일 많아요. 이런 것들이 상당히 고무적인 것 같아요.

이런 연구를 하느라고 많은 사람이 함께 고생하고 있습니다. 지멘스와 같은 기업도 많이 도와주고, 특히 가천길재단 이길여 회장이 아주 획기적인 기회를 가능하게 해서 저도 감히 한번 도전해 보겠다고 마음먹고 지금 열심히 하고 있습니다. 감사합니다. (박수)

# 제2부 : 패널 질문과 토론

●고철환 교수(사회자): 아주 감명 깊은 강연을 해 주셨습니다. 지금부터는 토론을 진행하도록 하겠습니다. 오늘 토론하실 선생님 세 분을 모셨습니다. 장기현, 박방주, 홍성욱 선생님이십니다. 장기현 선생님은 서울대 의과대학 영상의학과 방사선학교실 교수이시고, 박방주 선생님은 공학박사이시자 중앙일보 과학전문기자이십니다. 한국과학기자협회 회장이시며, 『세상을 뒤집는 미래과학이야기』 같은 책을 내셨습니다. 그리고 홍성욱 선생님은 서울대학교 과학사 및 과학철학 협동과정 주임교수이십니다. 『인간의 얼굴을 한 과학』, 『과학은 얼마나』 등 여러 책을 저술하셨습니다. 그러면 자연스럽게 토론하는 시간을 갖겠습니다. 장기현 선생님 먼저 부탁드립니다.

●장기현 교수(서울대 의과대학): 이런 귀중한 자리에 초대해 주셔서 감사합니다. 조장희 교수님의 명강연을 듣게 되어서 대단히 영광으로 생각합니다. 사실 저는 박사님 강의를 여러 번 들었습니다. 최근에는 불과 일주일 전에 우리 대한영상의학회에서 주관한 아시아대양주영상의학회Asian-Oceanian Congress of Radiology에서 조 박사님을 초청 연사로 모셔서 저도 삼천 명의 청중들과 함께 강

연을 들었습니다. 그때도 오늘 강연 내용하고 비슷한 내용을 발표하셨습니다만, 시간이 30분으로 제한된 강의였기 때문에 선생님께서 준비하신 내용을 많이 발표하지 못하셨습니다. 오늘은 기능적 자기공명 혈관조영술(fMRA)이나, 아홉 명의 파킨슨병 환자를 7T MRI로 찍으신 내용 등 새로운 것들을 말씀하셨습니다. 전번 강연 때 듣지 못했던 이런 내용이 제게는 새로웠습니다.

저는 오늘 조 박사님이 말씀하신 PET, CT, MRI를 실제 병원 임상현장에서 다루고 있는 영상의학과 의사입니다. 오늘 조 박사님은 7 테슬라T MRI에 대해 말씀하셨는데, 먼저 여러분의 이해를 돕기 위해 '7테슬라'라는 용어에 대해 간략히 말씀드리도록 하겠습니다. '테슬라tesla, T'는 자장의 세기를 나타내는 단위인데, 1테슬라는 1만 가우스gaus 입니다. 현재 지구상의 우리 주변에도 0.3-0.5 가우스의 미약한 자장이 존재하는데, 그에 비하면 엄청나게 큰 자장을 내는 장비이지요.

자장의 세기가 높아질수록 영상의 신호 대 잡음비 signal to noise ratio가 높아지기 때문에 영상의 해상력이 높아집니다. 의료영상기기는 처음에는 0.15 테슬라로 시작했지만, 점차 사용하는 자장의 세기가 강해졌고, 0.5 테슬라, 1.0 테슬라, 1.5 테슬라 장비를 GE, 지멘스, 도시바 등 세계적인 회사에서 개발하여 임상응용에 들어갈 때였습니다. 당시 1985년

도에 조 박사님께서는 당시 세계 최초로 2.0 테슬라 MRI 장비를 KAIST에서 개발하셨습니다. 이십 년이 지난 지금에도 전 세계적으로 1.5 테슬라 장비를 가장 많이 사용하고 있으며, 요즈음에 와서야 3.0 테슬라 장비가 점차 임상응용에 이용되고 있는 상황이라는 점을 생각하시면 대단한 업적임을 알 수 있으실 겁니다. 이러한 고자장의 장비는 자장이 어마어마하게 강해서, 근처의 작은 쇠붙이도 기기에 달라붙습니다. 저희 병원에서도 환자용 산소통을 MRI 기기 근처에 가져갔다가 달라붙는 사고가 나서 몇 달 동안 사용하지 못한 적도 있었습니다. 또한 친 자성체인 금속 클립으로 수술한 뇌동맥류 환자, 안구에 금속성 이물질이 들어있는 환자, 내이 달팽이관 이식술cochlear implant을 받은 환자는 고자장에 노출되었을 때 위험성이 있기 때문에 다루기도 더욱 까다롭습니다.

전 세계적으로 1.5T 기기가 표준일 때 선생님께서 개발하신 2.0T MRI 기기를 산학협력 차원에서 금성사에서 두 대를 만들어 하나는 서울대병원에, 다른 하나는 대구 계명대병원에 설치하여 환자진료에 이용했습니다. 그 이후에는 재정 문제 때문에 상업용 2.0T 기기가 보급되지 않고 중단되고 말았는데, 참 안타까운 일이었습니다. 1987년에 서울대학교병원에 조 박사님이 개발한 국산 2.0T MRI 제1호기가 들어와서 거의 십 년 정도 썼는데, 환자 진료에 많은 도움을 주었고, 또한 우리는 좋은 임상연구를 할 수 있었습니다. 당시 조 박사님 연구팀과 저희 병원 임상연구팀이 일주일에 한 번씩 만나 영상의 질을 좋게 하는 등 많은 연구모임을 한 기억이 새롭습니다.

오늘 제가 조 박사님 강연을 듣고 나서 새삼 놀랍게 생각한 점은, 조 박사님은 1970년대 세계 최초로 PET를 개발하셨고, 또 CT와 MRI를 직접 개발하신 과학자이신 동시에 뇌과학자라는 점입니다. 조 박사님께서는 오늘 강연 내용 중에 뇌의 미세구조에 대한 해부학과 생리학 등을 상당 부분 깊이 있게 말씀하셨습니다. 또한 제가 많이 놀란 것은 조 박사님의 학문적 폭과 깊이 때문입니다. 몇 년 전에 한동안 신문에도 많이 났습니다만, 경희대학교의 한의학과 교수님들과 함께 많은 연구를 하셔서 한의학에서 다루는 침술과 fMRI를 결합하여 연구하신 내용을 발표하신 바가 있는가 하면, MRI를 이용하여 뇌의 해부학적 구조에 대한 책을 쓰신 적도 있으십니다. 사실 사람이 한평생 살면서 한 분야에서 자기 것을 이룩하기가 쉽지 않습니다. 그런데 어떻게 PET, MRI를 개발한 과학자가 뇌과학자 역할도 하실 수 있는지 대단히 놀랍습니다. 조 박사님의 학문에 대한 열정과 노력에 경의를 표합니다.

저는 조 박사님께 7T 기기에 사람이 들어갔을 때 생길 수 있는 안전성 문제를 여쭤보고 싶습니다. 아직까지는

1.5T가 전 세계에서 가장 많이 쓰이는 기종이며, 환자 진료에 이용되고 있는 기기로는 3T가 가장 높습니다. 서울대학교병원에도 1.5T가 다섯 대 있고, 3T가 하나 있습니다. 그러니까 조 박사님 말씀대로 7T 기기는 아직 연구용으로 사용하는 실정이지요. 미국 FDA에서도 3T까지만 허가했습니다.

아마 앞으로 7T가 임상에 이용되려면 최소한 몇 년이 걸릴 것입니다. 조 박사님은 앞서 나가시는 과학자이십니다. 저는 환자를 직접 대하는 임상의사의 입장에서 말씀드리는데, 앞으로 이게 임상에 적용되려면 해결해야 할 일이 상당히 많을 것입니다. 이 과정이 몇 년은 걸릴 것 같은데, 이것과 관련해서 7T라는 초 고자장ultra high field이 인체에 미치는 영향이나 안전성에 어떠한 문제점이 있는지, 또는 박사님께서 자원자를 대상으로 연구하신 임상실험에서 경험하신 안전성 문제가 있으신지에 대하여 질문을 드립니다.

●조장희: 제일 핵심이 되는 중요한 질문을 하셨는데요. 아까 제가 말씀드린 0.1T에서 0.15T를 거쳐 드디어 7T 기기를 만들어 내었습니다. 그런데 2T 기기가 처음 도입되었을 때도 굉장히 많은 걱정을 했어요. 그래서 여러 가지 실험을 해서 지금은 괜찮다는 결론이 났습니다. 그래서 지금은 전 세계에 5만 대에서 7, 8만 대

에 이르는 1.5T~2T MRI 기기를 사용하고 있는데요. 2T에서는 큰 문제가 없는 것으로 거의 확인이 되어서 미국 FDA에서는 3T까지도 허용하고 있습니다. 이 7T MRI는 아직 연구용으로만 되어있습니다. 그래서 앞으로 생물학적biological, 특히 생리학적physiological 영향impact을 예측하는 연구를 많이 해봐야겠지만, 제 생각에는 아마도 괜찮을 것 같습니다.

그런데 재미있는 것은, 예전에 2T 기기를 만들 때는 학생들이 많이 들어가기도 했는데, 7T 기기는 요즘 학생들이 들어가길 꺼려요. 그래서 제가 지금 연구하는 데 상당히 지장이 있어요. 그래서 자원자를 모집해서 하는 어려움도 있는데요, 제 느낌에는 큰 차이가 없을 것 같아요. 하여튼 신체 영향에 대한 실험도 겸해서 많이 하고 있어요. 안전에 대해서는 아마 경험적인 실험을 많이 해야 할 것 같아요. 영국의 피터 맨스필드Peter Mansfield 박사•가 그런 연구를 많이 하고 있어서 아마 2, 3년 후면 결과가 많이 발표될 거예요. 저도 여러 번 들어갔다 왔는데, 들어가 보면 빙빙 도는 것 같지만 나오면 또 괜찮고 그래요. (청중 웃음) 지금 이렇게 잘 떠드는 걸 보면 메모리가 다 지워진 거 같진 않아요. 두고봐야죠 뭐.

• 영국의 물리학자. 영국 노팅엄대학교 교수로 40년을 재직하였으며, 현재는 동 대학 명예교수로 있다. 자기장에 공명하는 인간 신체의 물 분자의 신호를 수학적인 방법으로 분석할 수 있는 기법을 개발해 MRI 분야의 발전에 크게 이바지하였다. 일리노이대학교의 폴 로터버 교수와 함께 2003년 노벨 생리의학상을 수상하였다.

좋을까 나쁠까는 지켜봐야할 것 같아요.

●박방주 기자(중앙일보 과학전문기자): 제가 최근에 조장희 박사님 자서전을 한 권 냈습니다. 지금 책이 모두 팔려 사기가 어려우실 것입니다만. 제가 조 박사님 자서전을 쓰면서 박사님을 자주 뵈었습니다. 저는 한 20년 동안 과학기자를 하면서 참 많은 과학자를 만났거든요. 엔지니어링을 하는 분, 순수과학 하는 분, 물리, 생물 할 것 없이 다방면의 분들을 정말 많이 만났는데. 저는 조 박사님 만나면서 굉장히 당혹스러웠어요. 독특한 성격, 또 그 반면에 세계적으로 그렇게 빼어난 연구성과를 낼 수 있는 저력, 또 한국인으로서 이런 걸출한 분이 계셨구나 하는 놀라움이 그겁니다.

소위 말해서 과학자로서의 새로운 면을 보고, 과학자의 삶이 어떤 것인지를 제가 많이 느꼈습니다. 한 가지 예를 들자면, 일 년 열두 달 연구소에서만 사는 분이 있다면 믿겠습니까? 지금 연세가 일흔이 넘으셨는데도 연구소에만 계십니다. 제가 직접 확인하기 때문에 알아요. 왜냐하면 제가 일요일에 자서전 쓰면서 전화를 드릴 일이 많이 있거든요. 핸드폰이 없으시기 때문에 제가 연구실로 전화를 걸면 비서가 안 나오니까 직접 받으십니다. 평일은 두말할 것도 없고요.

세미나를 할 때도 맨 앞에 레이저 포인터를 들고 앉아 학생들보다 더 열심히 듣고, 질문도 해요.

제가 조 박사님에게 당혹스러운 것은, 표현이 좀 이상할지 모릅니다만 범상치 않은 박사님의 성격입니다. 그래서 제가 놀라움을 많이 느꼈습니다. 예를 들자면 이길여 회장님은 직장으로 치면 상사거든요. 조 박사님을 고용하신 분입니다. 조 박사님의 연구소는 독립 건물인데 이길여 회장님이 가끔 그쪽을 방문하십니다. 또는 과기부총리 같은 분들도 가끔 방문하시는데 조 박사님은 2층의 연구소장실에 앉아 계시고 거기서 내려와보지 않으세요. 제가 직접 보지 못했습니다만 보통 회장이 뜨거나 과기부총리가 뜨면 현관에 쫙 늘어서서 영접을 하거든요. 상사를 그렇게 영접을 안 하거나 우습게 봤다 그럼 '짤리지' 않습니까? 그래서 저는 지금 조 박사님에게 무슨 믿는 구석이 있는 건지,(좌중 웃음) 그런 것이 예전부터 궁금했고요. 그런 독특한 성격이 어디에서 나오는 건지, 그걸 학자의 자존심으로 봐야하는지 어떤지 참 궁금했습니다.

제가 조 박사님에게는 3대 불가사의가 있다 하는 생각을 해봤어요. 첫째 주변 사람들을 전혀 안 챙기십니다. 아마 여기에서 아주 가까운 분도 계실 거고. 여기 장 교수님은 1980년대부터 보셨다고 하시는데, 아마 장 교수님 경조사가 있을 때 혹시 전화 한 통이라도 받아보셨는지 모르겠습니다.

(없습니다. 좌중 웃음) 장 교수님뿐만 아니라 주변의 굉장히 가깝다고 하는 사람들의 경조사에도 부조금이나 축의금을 내는 것도 대부분 안 하십니다. KAIST 교수 시절 대학원생들한테도 경조사에 절대 가지 못하도록 하기도 했지요. 그렇게 주변 사람들을 전혀 챙기지 않으면서 어떻게 이런 자리에까지 올라오셨는지 모르겠어요. 사실 이건 한국 상황에서는 거의 불가능에 가깝습니다. 주변 사람들 잘 챙겨야 하거든요. 교수들과 가서 골프도 쳐야 합니다. 술이나 밥을 사야 하고, 경조사에 날마다 쫓아다녀야 합니다. 조 박사님은 그것하고 완전히 거리가 멉니다.

둘째는 초등학교부터 대학까지 거의 공부를 안 했다고 하신 거였습니다. 제가 직접 초등학교 성적표부터 대학원 성적표까지 떼어봤습니다. 요즘 직장 잡으려고 그 성적표로 어디 서류 내면 서류전형에서 떨어질 겁니다. 성적표에 온통 C, D밖에 못 봤어요. (좌중 웃음) 또 고등학교 때는 한국전쟁 때문에 대구 피난살이, 또는 장사하시면서 세월 보내고 해서 공부를 할 수 없으셨거든요. (그 당시는 저뿐 아니라 전부 C, D였습니다. 좌중 웃음) 아 그런 시절이 있었군요?

어쨌든 저한테 말씀하시기를 초중고에서 대학까지 공부를 거의 안 하셨다고 해요. 그런데 어떻게 시험을 보면 다 합격을 하셨습니다. 그래서 박사님께서 진짜 천재가 아니면 밤새워 공부하고 낮에는 동급생들한테 공부 못하게 놀러가

자고 하시지 않으셨을까 하는, 그런 생각이 좀 듭니다.(웃음) 사실 그렇게 대학에서도 공부 안 하고 대학원에 가셨는데 세계적인 과학자가 되셨다고 하는 것은, 과연 대학 공부가 사회 나와서 공부하고 성공하는 것과 무슨 관계가 있는가 하는 생각조차 듭니다. 그게 저는 조 박사님의 셋째 불가사의라고 생각합니다.

말이 길었습니다. 제가 여쭤보고 싶은 것은, 그렇게 주변 사람들 관리를 안 하는 것을 본인의 강점이라고 생각하시는 건지, 아니면 어떤 신념 때문에 그러시는 건지 궁금합니다. 학문적인 이야기는 더 잘 아시는 분들이 많아서 개인적인 것을 먼저 여쭤봤습니다.

●조장희: 전 사실 교수가 되겠다고 생각한 것은 스웨덴 웁살라 대학에 있을 때 제 지도교수하고 학생들과 떠난 여행에서 있었던 일 때문이었습니다. 제가 교수를 따라갔는데 그때는 1960년대니까 비자를 얻지 않으면 대부분의 나라에서 한국 여권으로는 국경 통과를 하지 못할 때예요. 독일을 통해서 유럽의 작은 나라들을 가는데 제가 비자가 없다고 출입국 관리사무소 경찰들이 저를 잡았어요. 그런데 내 지도교수가 웁살라 대학 교수라고 하니까 경찰들이 교수에게 경례를 붙이더니 저한테 그

냥 가라고 하더라고요. 아 그래서 내가 한번 교수가 돼야겠다 생각했죠. (좌중 웃음) 교수가 되면 뭐 총장이고 원장이고 장관이고 뭐고 상관할 필요가 없잖아요? 결국 내가 교수가 되었으니까, 뭐 복잡한 일들에 상관할 필요가 없잖아요?(웃음)

●박방주: 저는 보여주신 7T MRI 영상이 참 경이로웠습니다. 그것은 뇌의 물리적인, 또는 외형적인 형태를 보는 것인데요. 저는 물리적인 것을 넘어 인간의 '마음'을 읽을 수 있으려면 도대체 어떤 영상기기가 나와야 할 것인지 상당히 궁금합니다. 기존의 기기로는 보지 못하던 뇌의 작은 실핏줄 같은 것을 본다든가 형태를 자세하게 관찰할 수 있도록 하신 것은, 물론 신경과학자들이나 신경외과 의사에게는 혁명적인 일일 겁니다. 그런데 우리 일반인들이 지금 대단히 궁금하게 생각하는 것은 어떻게 하면 기계로 사람의 마음을 읽을 수 있을까 하는 일입니다. 즉 화학적인 신경전달물질이 왔다갔다하면서 전기가 일어나고 전류가 흐르고 하는 것을 통해, 조 박사님께서 하시는 생각이나 서울대학교에 와서 강연하시는 기분 같은 것을 읽을 수 있으면 얼마나 좋을까 하고 생각해 보곤 합니다. 만약 우리가 그런 걸 알 수 있으려면 어떤 기계가 만들어져야 할까요?

저는 보여주신 7T 영상이 참 경이로웠습니다.
그것은 뇌의 물리적인,
또는 외형적인 형태를 보는 것인데요.
저는 물리적인 것을 넘어 인간의 '마음'을 읽을 수
있으려면 도대체 어떤 영상기기가
나와야 할 것인지 상당히 궁금합니다.

박방주 기자

●조장희: 아니 어려운 것만 자꾸 물어보시는데요. PET가 나오면서 뇌의 분자 차원의 화학적 문제들을 보기 시작했죠. 이후에 fMRI가 나오고 획기적으로 발전하면서 단순하고 일차적인 감각, 즉 눈으로 본다든가 냄새를 맡고 맛을 보는 등의 오감이 살아있는 사람의 뇌에서 어떻게 작용하는가를 볼 수 있게 되었습니다. 그게 더 나아가 두 가지 감각을 합치고 세 가지를 합치고 하는 3차원적 지각multimodal을 이해하면서 의식이라던가 그런 것을 이해하는 쪽으로 발전하게 될 겁니다.

하지만 이 영역에는 아직 앞으로 한참 더 발전해야 하는 부분이 있습니다. 예를 들면 좋아한다든가 싫어한다든가, 사람을 보고 인지한다든가 하는 기본적인 뇌의 작용에 대한 연구는 근래에 상당히 되어있습니다. 그래서 제가 fMRA 이야기를 한 거죠. 여태까지는 뇌를 두루뭉술하게 덩어리로 봤는데, 이제는 뇌의 핏줄 하나하나를 들여다보는 그런 시대에 들어가면서 이제 조만간 우리가 더 많은 것을 알게 되겠구나 하고 생각하게 된 거죠. 그런데 사실 그쪽으로 가면서 부딪치는 문제에 대해서는 우리 같은 사람보다도 앞으로 언어학 하는 사람들, 심리학 하는 사람들의 도움이 많이 필요한 것 같아요. 그 사람들이 전부 과학을 알고 이해하고 기기를 사용할 줄 알고 그런 시대가 오면 말씀하신 인간의 마음을 이해하는 데 있어 상당히 많은 것이 밝혀지리라고 저는 확신합니다. 제 예상으로는 한 10–20년 내로 가능할 거라고 봅니다.

●고철환: 감사합니다. 그럼 홍성욱 선생님 말씀해 주십시오. 그리고 오늘 특별한 분이 오셨습니다. 박동수 교수님이신데, 서울대학교 물리학과 6회 졸업생이시고, 조장희 선생님과 예전부터 알고 지내신 분입니다. 지금은 경북대 물리학과 명예교수로 계십니다. 먼저 홍성욱 교수님 말씀을 듣고 박동수 교수님을 모시겠습니다.

●홍성욱 교수(서울대 과학철학 및 과학사 협동과정 주임교수): 옆에 계신 박방주 기자님은 실제로 취재를 하시면서 많은 과학자를 만나셨지만 저는 과학사와 과학기술사회학에 관련된 연구를 하면서 굉장히 많은 과학자를 책으로 만납니다. 그중에는 제가 직접 연구한 분도 있고 돌아가신 분도 있고 살아계신 분도 있는데요. 예전에도 조 박사님 명성이야 많이 듣고 여러 매체로 접했지만, 특히 조 박사님이 중앙일보에 연재하신 글들, 박방주 기자님이 쓰신 전기를 읽었는데 굉장히 재미있습니다. 여러분 꼭 읽어보시면 좋은데요. 특히 과학이나 학문을 목표로 하는 학생들

이 아니더라도 자기만의 목표가 있는 학생들은 꼭 한번 사서 읽어보기를 바랍니다. 저도 굉장히 재미있게, 감명 깊게 읽었습니다.

제 생각은 많은 부분에서 박 기자님과 비슷합니다. 한 분야를 해도 좋은 업적을 내기 굉장히 어려운 것이 과학의 세계인데, 놀라운 일은 조 박사님이 여러 분야에서 세계적인 업적을 냈다는 것입니다. 초기에는 CT 분야에서 굉장히 획기적인 업적을 내셨습니다. 그리고 PET를 개발하시고, 그다음에 MRI 분야에서도 굉장한 업적을 내시고, 또 지금은 PET와 MRI를 결합하는 새로운 연구를 하고 계십니다.

한 분야에서도 업적을 내기 어려운데, 최소한 세 가지 분야에서 세계적으로 인정받는 업적을 내셨다는 것이지요. 특히 PET에서 세계적인 업적을 내신 것도 놀랍지만, 과학사를 연구하는 제 입장에서 놀라운 것은 따로 있습니다. 즉 초기에는 미국에서 연구하셨지만, MRI 같은 경우는 반쯤은 국내에 계시면서 즉 미국과 한국을 왔다갔다하시면서 KAIST 학생들을 데리고 연구소에서 개발하신 경우라는 점입니다. 지금 PET와 MRI 융합 시스템도 가천대 연구실에서 개발하고 계시는데, 사실 그런 점도 굉장히 놀라웠습니다.

한국 과학자 중에 미국에서 좋은 업적을 내신 분도 계시고, 한국에서 좋은 업적을 내신 분들도 계십니다. 하지만 미국에서 좋은 업적을 내시다가, 또 한국에서 그것을 계속 이어서 한국 학생들을 데리고 국내 토양에서 굉장히 세계적인 업적을 내시는 경우는 굉장히 신선한 경우입니다. 거기 대해서 본격적으로 한번 연구해봐야겠다, 분석해봐야겠다는 동기가 생길 정도로 아주 독특한 부분이었습니다.

이게 어떻게 보면 다른 데서 찾아보기 힘든 박사님의 창의성, 그리고 그 창의성이 한번 나왔다가 반짝하고 사라지는 게 아니라 30대부터 지금 70이 넘은 나이까지 지속하고 유지될 뿐 아니라 점점 커지는 근원이 무엇일까 하는 것에 대해 제가 한번 생각해보았습니다.

일단 하나는 박방주 기자님이 쓰신 책에 보면 조 박사님 대학 시절이 나옵니다. 박 기자님도 말씀하셨지만 아마 조 박사님께서는 공개하기 싫으셨을지도 모르겠습니다. C, D로 가득한 성적표 사진이 나와 있는데 굉장히 재미있었습니다. 특히 흥미로운 것은 대학 다니실 때 등산과 스키를 굉장히 잘하셨다는 이야기가 있어요. 지금 여러분이 보셔도 박사님 몸이 일단 탄탄하지요? 당시로서는 하는 사람도 한국에 거의 없었던 암벽등반을 하시고, 도봉산 꼭대기에 올라가서 정상을 정복한 사람만이 누릴 수 있는 영예인, 종이쪽지에 이름을 적어서 병에 넣는 것도 하셨다고 합니다. 또 스키를 너무 좋아하셔서 우리나라 국군의 스키부대를 만드는 데도 기여하셨다고 합니다.

사실 연구를 하는 데 굉장히 중요한 것이 체력입니다.

지금은 한국 학생들이 체력도 좋고, 잘 먹으니까 서양 학생들에 비해서 많이 떨어지지 않지만. 저희 때만 해도 유학 간 학생들이 제일 괴로움을 호소하는 것 중 하나가 체력적으로 밀린다는 것이었습니다. 어릴 때부터 치즈 먹고 우유 먹고 자란 서양 애들한테 우리가 못 당한다는 겁니다. 얘들은 삼사 일 밤을 새워도 운동하고 그러면 다 잊어버리는데, 우리는 하룻밤만 새도 다음날 쓰러지니까요. 그러니 지금까지 연구 활동을 꾸준히 해오시는 원인 중 하나가 강한 체력이지 않았나 하는 생각을 해봅니다. 그리고 이것은 우리 대학에서 생각해야 할 것이 아닌가 합니다. 지금 서울대학교가 이렇게 외형이 크고 돈을 많이 쓰고, 세계 50위권이라는 평가도 받고 있는데, 학생들이 무료로 다닐 수 있는 체육관 시설이 없습니다. 물론 체력단련장이 있기는 한데, 일 년에 110만 원씩 학생들에게 돈을 받아요. 세계적인 대학 중 백만 원이 넘는 돈을 내야 학생이 체력단련장을 이용할 수 있는 대학은 없습니다. 학생들은 일 년에 5만 원, 혹은 학생증만 있으면 체력단련장을 이용할 수 있는 정도의 시스템이 되어있어야 하는데, 서울대학교는 아직도 학생들이 비싼 돈을 내야만 체력단련장을 이용할 수 있게 되어있습니다. 학교가 학생에게 공부를 시키고 뭘 하라는 요구는 많이 하지만 정작 학생들에 대해서는 신경을 덜 쓰고 있지 않나 하는 생각도 듭니다.

그리고 책을 읽으면서 느낀 또 다른 것은, 너무나 당

연한 애기일 수 있지만 박사님의 정신력입니다. 그리고 그 정신력이라는 것은 일종의 '헝그리 정신' 비슷한 것입니다. 책에 보면 당시 서구에 우리나라가 잘 알려지지 않았고, 그들이 박사님이 졸업하신 서울대학교도 모르기 때문에 임금이 깎이기도 했다는 이야기가 있습니다. 조 박사님이 외국에서 공부하실 때의 회고를 보면 그런 일들이 많았습니다. 나는 백인들 사이에서의 동양인, 잘 안 알려진 대학 출신이지만 나는 너희가 하지 못하는 것을 하겠다, 백인들 세상에서 본때를 보이겠다, 이런 강한 집념과 의지, 그리고 무엇보다도 그 과정에서 직접 일을 하며 얻는 즐거움, 기쁨 이런 것들을 백이십 퍼센트 느낄 수 있는 자세입니다. 사실 그런 즐거움도 느낄 수 있는 사람만이 느끼는 것입니다. 받아들일 자세가 되어 있고, 그런 역량이 있는 사람만이, 연구를 하면서 느낄 수 있는 즐거움이 그 어떤 다른 즐거움보다 훨씬 더 강한 마약과도 같은 중독적인 그런 즐거움이라는 것을 알게됩니다. 그렇기에 연구 과정에서 겪는 여러 어려움을 극복하는 힘이 된다고 저는 생각합니다.

그리고 제가 마지막으로 생각한 것이 박사님의 솔선수범하는 리더십입니다. 특히 KAIST에서 학생들을 데리고 연구를 하시면서 'KAIST 학생들이 참 우수하고, 대학원 학생들은 하나를 던져주면 아홉 개를 가져오는 학생들이다'라는 말씀이 선생님 회고록에 있습니다. 그리고 그때 지도하신 학생들이 나중에 다 한국 과학계를 주름잡는 과학자와 공학자들이 되었고요. 그런데 사실 그런 우수한 학생들의 에너지를 백 퍼센트나 이백 퍼센트 끌어낼 수 있는 사람들이 많지 않습니다.

그게 교육자로서의 리더십인데요. 그냥 학생들에게 너 일 해라, 일 해서 결과를 가져오라고만 하면 학생들이 일을 잘 하지 않습니다. 그 학생들에게 충분한 동기와 지적 자극과 돌봄care을 잘 배합해서 교수가 이를 지속적으로 제공할 수 있어야만 학생들이 일을 합니다. 물론 처음에는 교수가 학생들에게 권위로 이런저런 일을 하라고 시키면 학생들이 하겠죠. 그런데 이렇게 하면 처음에는 하는 듯하지만, 교수가 지적 자극을 주지 못하면 그 일이 굉장히 형식적인 것이 됩니다. 형식적인 수준에서 연구가 이루어지는 연구실에서는 창의적인 업적이 나오기 어렵습니다.

제가 책의 여러 곳에서 그런 것을 느꼈는데, 조 박사님은 학생들에게 지적 동기를 줄 수 있는 연구와 지식과 아이디어를 계속 끊임없이 재충전하려고 노력을 하십니다. 그리고 어떻게 보면 그게 지금까지 박사님의 연구가 계속 이어지는, 그리고 시간이 갈수록 창의성이 점점 쇠퇴하는 게 아니라 점점 더 커지는 원천이 아닌가 하는 생각을 합니다.

저는 우리나라의 과학계를 포함한 학계가 앓고 있는 병 중 하나가 조로증이라고 생각합니다. 학계에서 굉장히 일

“

그리고 책을 읽으면서 느낀 또 다른 것은,
너무나 당연한 얘기일 수 있지만
박사님의 정신력입니다.
그리고 그 정신력이라는 것은 일종의
'헝그리 정신' 비슷한 것입니다.

홍성욱 교수

”

찍 사람들이 늙어버립니다. 오십 세가 되면 한창 연구 역량이 왕성할 나이입니다. 하지만 분야가 빨리 발전하기 때문에 어쩔 수 없다, 이렇게 빨리 발전하는 분야에서 우리가 젊은 사람들을 어떻게 당하겠느냐 하는 말을 하기도 합니다. 하지만 외국과 비교하면 분명히 한국 학계에는 특유의 조로하는 경향이 있다고 저는 생각합니다. 저는 한국 학계, 특히 한국 과학계에 신선한 활력과 자극을 조 박사님께서 지금도 계속 불어넣어 주시고 계신 것이 아닌가 하는 생각이 듭니다. 제가 나름대로 분석을 해본 것인데, 혹시 덧붙이고 싶은 말씀이나 논평이 있으시면 해주셨으면 좋겠습니다.

●조장희: 이렇게 비행기만 태우시니 떨어지지 않을까 싶은데요. (웃음) 저는 그런 생각을 해요. 사람이 운이 있어야하는 거 같아요. 저도 여러 가지 운이 따라줘서 되었던 사람입니다. 처음에 논문을 썼을 때만 해도 논문 하나 쓰는 게 참 어려웠어요. 66년에 내 첫 번째 논문이 나왔는데. 그거 쓰니까 카드가 막 와요. 프린트 달라고요. 그런데 그때의 환희라는 건 잊을 수가 없는 거예요. 그래서 그런 걸 또 자꾸 느끼고 싶고, 재현하고 싶고 그러면서 아마 거기에 빠졌던 것 같아요. 우리 집사람은 나한테 아주 단세포라고 그래요. (웃음) 어쩌면 저는 그런 심플

한 것에 매료된 바보가 아닌가 합니다. 일생을 그렇게 해왔고요.

그리고 또 하나는 학문적으로 볼 때 나보고 여러 번 관심사를 바꿨다고들 많이 이야기해요. 뭐 제가 전자공학과 나와서 물리학과에 십 년 있었고, 다음에는 PET를 연구하느라 이십 년을 보냈고, 지금 와서는 신경과학을 하는 뇌과학자라고 떠들고 다니고 하는 식이 되었는데, 가만히 보면 사실 내가 '퀀텀 점프'를 한 건 아니죠. 예를 들어 전자공학과에서 물리학과로 가서, 물리학과에서 계기 쪽을 많이 한 거예요. 가니까 너무 쉽더라고요. 또 물리학과에 십 년 있다가 PET를 하니까 너무 유치한 거예요. 물리 실험실에서 하는 걸 보니까. 그럼 내가 이걸 한번 해보겠다 그렇게 되고. 뭐 수학 문제가 나오면 조금 공부하면 되고. 여기 젊은 사람들이 있지만, 세상에 육 개월 해서 할 수 없는 일은 거의 없어요. 자기가 집중해서 하면 말이죠. 그리고 어느 정도의 기반이 있으면 말이죠. 또 그러면 문제도 풀리고요. 그래서 그런 걸 기반으로 해서 하나씩 옮겨가는 거지, 내가 완전히 새로운 걸 하는 건 아닌 거 같아요.

그런 걸 보면 한 분야에서 다른 분야로 넘어갈 때, 먼저 것을 바탕으로 가니까 남한테 이길 수가 있는 거예요. 제가 예전부터 뇌 사진도 자꾸 찍고 그러면서 뇌에 익숙해지긴 했는데, 내가 신경과학을 하면서 뇌에 대해서 자꾸 물어보니까 신경과학 하는 사람들이 건방지게 이걸 알려주지를 않는 거예요. 미국에서 말이죠. 그래서 내가 이놈들은 뭐가 대단하다고 이러는가 했어요. 그래서 우리 학생들하고 책 한 오천 불 어치를 사서 일 년 동안 맹렬하게 공부했어요. 심지어는 대변 볼 때도 책을 가져가서 보면서 말이죠. 그렇게 하니까 길이 트이는 거예요. 그리고 집중해서 하니까, 뭐 내가 하는 만큼 하는 사람이 없는 거예요. 다른 것은 잘하는 사람들이 있지만요. 우리가 학문의 세계에서 뭔가를 깊이 연구해 보는 건 한번쯤 꼭 해야 하는 거 같아요. 그러면 자기가 먼저 가진 지식이 있으니까 누가 뭐라고 하더라도 내가 저 친구보다 떨어진다든가 하는 콤플렉스를 전혀 가질 필요가 없어요. 내가 가진 밑천이 따로 있으니까 말이죠.

여기 와서 보니까 아까 이야기한 것처럼 조로 현상이라는 것은 그런 옮겨가는 단계를 거치지 않아서 그런 게 아닌가 싶어요. 기존에 자기가 공부한 것을 가지고 새 분야로 오면 그야말로 '블루 오션', 즉 할 것이 너무 많은 거예요 내가 이길 수 있는 것들이 말이죠. 이겨야 하는 거니까요. 저는 그런 것이 재미있는 거 같아요. 한 분야에서 정말 어느 정도 쌓은 다음에 새로운 분야로 가는 것, 그런 것들이 한국의 학자와 교수들이 꼭 해야 하는 게 아닌가 싶어요. 그리고 새로운 분야처럼 노력에 대한 보답을 받는 곳이 없는 거예요. 어느 분야든지 한 오 년, 십 년 지나면 단맛이 나는 게 없어요.

“

여기 젊은 사람들이 있지만,
세상에 6개월 해서 할 수 없는 일은 거의 없어요.
자기가 집중해서 하면 말이죠.
그리고 어느 정도의 기반이 있으면 말이죠.

”

단 국물이 다 빠져버리는 거예요. 그 다음엔 찌꺼기만 남죠.

학자에는 두 부류가 있어요, 한 부류는 청소하고 정리하는 사람이고, 한 부류는 앞으로 가는 사람이에요. 얼마 전에 일본에 다녀왔는데, 오가와• 박사라고 fMRI를 연구하는 학자인데, 일본 방사선의학종합연구소NIRS라는 일본 최대의 방사선 분야 연구소에서 일하고 있어요. 가보니까 장비도 참 잘해놓고 뭐 잘하고 있어요. 그런데 그 대단한 일본에 7T 기기가 하나도 없다는 거예요. 그 많은 돈을 쓰면서 말이죠. 오가와 박사랑 이야기를 나눴는데, 그 사람도 미국에 오래 있다 온 사람이에요. 그 사람 말이 일본 사람들은 모험을 못한다는 거예요. 사실 과학은 모험인데, 두려운 거예요. 두려워서 안 하는 거예요. 저는 사실 과학의 핵심은 '정신'이 아닐까 합니다. 모험을 해서 이겼을 때의 기분은, 등산 가서 남이 못한 코스를 해냈을 때랑 비슷한 거 같아요. (웃음)

• 세이지 오가와(Seiji Ogawa). 도쿄대학을 졸업하고 스탠퍼드대학교에서 박사학위를 받았다. 벨 연구소 재직 시 세계 최초로 fMRI를 개발하였다. 2003년에는 일본의 노벨상으로 불리는 일본국제상(Japan Prize)을 수상하였다. 매년 유력한 노벨상 후보로 노미네이트되고 있다. 2008년부터 조장희 박사가 소장으로 있는 가천대학교 뇌과학연구소의 초빙석좌교수로 있다.

# 제3부 : 청중과의 대화

●박동수 교수: 내가 건망증하고 치매하고 어떻게 다른지 의과대학 교수한테 물으면, 장황한 설명을 오 분 십 분씩 합니다. 하지만 간단히 요약해서 그 차이가 뭔지 압니까? 오줌 누고 지퍼 안 올리는 게 건망증이고, 안 올려도 아무렇지도 않은 걸 치매라고 합니다. (좌중 웃음)

오늘 좋은 모임에 불러주시고 이야기할 기회를 주셔서 감사합니다. 저는 1946년 경성제국대학의 후예이자, 국립 서울대학교의 전신인 경성대학 의예과에 입학해서 문리과대학 물리학과를 졸업했습니다. 한국전쟁 때 종군을 하고, 이후 미국의 존스홉킨스 대학교 대학원에서 공부했습니다. 그리고 나서 귀국해서 서울대학교 강의도 좀 하고 나중에는 고향에 있는 경북대학교에 가서 정년 때까지 있었어요. 조 박사는 저의 십 년 후배인 셈입니다.

내 친구가 조 박사의 공과대학 은사라고 해서 조 박사를 처음 알게 되었습니다. 조 박사 덕분에 미국의 UC얼바인에 가 있기도 했는데요. UC얼바인이 어떤 곳인가 하면, 옛날에는 로스앤젤레스와 샌디에이고 사이에 있는 작은 도시의 대학에 불과했습니다. 하지만 지금은 한국 강남에 사는 사람들이 자녀들을 가장 많이 유학시키는 곳입니다. 도시 분위기도 좋고 UC얼바인의 사회적 위상이 굉장히 올라갔기 때문입니다. 더욱이 그 대학에서 노벨상 수상자도 나오고 해서 더욱 그렇습니다. 그래서 그런 분위기에서 연구하는 조 박사도 만나고 했죠. 저는 원래 원자핵물리와 고체물리를 하다가 정년퇴임을 했어요. 이후 여러 생각을 하다가 조 박사를 만나서 신경과학neurology을 공부하게 되었어요. 여기 앉아 계시는 여러분이 조 박사님을 만난 이 순간이, 여러분 역시 신경과학을 공부할 수 있는 계기가 되었으면 좋겠네요.

지금 내 나이가 83세가 되는데, 저는 아직 시력도 기억력도 좋습니다. 플랑크 상수도 외우고요. 여러분들 파이π가 대략 3.14라는 거 알죠? 나는 그 밑에 14개 단계까지 외웁니다. 그게 뇌과학이라는 새로운 학문을 공부하는 데서 온 것 같아요. 조 박사 덕이지요. 내가 조 박사한테 미안해서 괜찮으냐고 물어보니까 오히려 '동지가 하나 더 생겼습니다.' 라고 하더라고요. 어쨌든 조 박사님께서 이런 좋은 강연을 모교에서 하시는 것은 대단히 좋은 일인 것 같습니다. 1879년에 요한 브람스가 자기 모교에 가서 학위를 받을 때 보답으로 헌정한 곡이 '〈대학 축전 서곡*Academic Festival Overture*〉'입니다. 조 박사님께서 서울대에서 이런 강의를 하시게 된 것도 마치 브람스가 곡을 헌정한 것처럼 명예롭고 아름다운 일이라고 생각합니다.

조 박사님의 여러 업적이 있는데요. 2005년에 재직하시던 UC얼바인에서 그 해의 최우수교수상Distinguished Faculty

Award in Research을 조장희 박사가 받으셨어요. UC얼바인의 교수 이천오백 명 중 세 명을 뽑는데 연구 분야에서 조 박사님이 수상하게 되신 거예요. 그래서 내가 미국 대학에서 조 박사님이 지니시는 위상을 다시 확인하게 되었습니다.

아까 많은 업적을 소개하셨는데, '최초의'라는 말이 많이 나옵니다. 신문을 보면 '최초'라는 말을 많이 쓰기도 합니다. 그러나 대부분 우리 신문에 나오는 건 '한국 최초' 정도죠. 그런데 조 박사님의 업적은 대부분 '세계 최초'입니다. 이 분에 대한 설명을 보면 '최초'라는 말이 참 많이 나옵니다. 예를 들어 PET에서 우리가 검출detect을 할 때 아무리 정보가 많이 나와도 그것을 감지해야만 쓸 수 있습니다. X레이는 건판을 가지고 그 정보를 잡지만, PET, CT, MRI는 검출기detector가 있어야 합니다. 신경과학의 역사를 보면 조장희 박사가 처음으로 PET의 디텍터를 발명했다고 나옵니다. BGObismuth germanate oxide라는 걸 사용하셨는데, 이건 굉장히 큰 업적입니다.

또 조 박사는 전자공학도 하지만 뛰어난 물리학자이기도 합니다. 물리학에서 파장wave에 대한 분석을 할 때 '푸리에 변환Fourier transform'이라는 것을 많이 씁니다. 조 박사님은 푸리에 변환에 대해서 아까 힘이 별로 안 들더라고 했지만, 천만의 말씀입니다. 이건 아무나 하는 게 아닙니다. 조 박사님은 탁월한 수학적 재능이 있어서 푸리에 변환을 자유자

재로 사용하시는 겁니다. 내가 서울대 의예과를 나와서 경북대 의예과에서 가르치기도 했지만, 정작 의사들은 이런 걸 잘 모릅니다. 이걸 이해하려면 수학적인 기본기가 탄탄해야 하는데, 조 박사님은 그런 기본기를 CT, PET, fMRA 등을 연구하고 또 개발하는 데 사용하셨던 것 같습니다.

그리고 조 박사님은 인체에 침을 놓았을 때 생겨나는 변화를 MRI로 연구하시기도 했습니다. 이런 변화를 1.5T로 관찰해서는 잘 안 보이지만 점점 해상도를 높여 7T까지 올라가면 침을 꽂았을 때 뇌에 어떤 변화가 오는지 보인다고 합니다.* 이런 파격적인 연구를 최초로 하신 분입니다. 이 외에도 '최초'라는 말이 조 박사님의 업적에는 다섯 번 정도 더 나올 겁니다.

조 박사는 스키도 합니다. 그래서 건강해요. 일하는 것도 매우 즐깁니다. 그것이 조 박사를 오늘날에 있게 한 큰 원동력 중 하나인 것 같습니다. 앞으로 조 박사께서 한국 최초의 노벨상 수상자가 되는 것이 우리의 소원입니다. 이 자리에서 할 말은 많지만 이것으로 줄이겠습니다. 아마 작년이

* 조장희 박사는 1998년 3월 미국 국립과학원회보(PNAS)에 침술의 효과를 최초로 과학적으로 입증한 논문을 발표했다. 그러나 8년만인 2006년 7월, 과거 자신의 연구에 일부 오류가 있었다는 것을 스스로 인정하며 해당 논문을 자진 철회하였다. 이는 한의학계의 강력한 반발을 불러오기도 했지만, 한편으로는 황우석 교수의 논문조작 사건으로 얼룩진 한국 과학계에 과학자의 엄격성과 도덕성이 어떤 것인지를 보여주는 신선한 본보기가 되었다.

죠? 작년에 총동창회에서 서울대학교를 빛낸 인물로 조 박사를 선정해서 시상한 것으로 압니다. 앞으로도 '세계 최초'의 업적을 내시길 바랍니다.

그리고 또 하나 있습니다. 이 말을 하더라도 용서하십시오. 조 박사님은 굉장히 중요한 사람입니다. 이 사람 월급 얼마 받는지 압니까? 상상을 초월합니다. 조 박사님이 UC얼바인에서 가천대학교로 오실 때 저하고 의논을 많이 했습니다. 이분은 당시 한국 대학사회가 깜짝 놀랄 급여를 요구했습니다. 그 정도를 안 주면 안 간다 했다고 해서 제가 '잘했습니다' 했는데요. 정말 한국이 깜짝 놀랄 봉급을 받고 있습니다. 제가 대학에서 퇴임할 때 국립대학 교수로서는 가장 많은 봉급을 받았어요, 학장도 하고 다 해서요. 그런데 그 다섯 배 이상을 받을 겁니다. 그것도 연구자의 연봉으로는 한국 '최초'일 겁니다.

아까 홍성욱 교수님 말씀하신 것처럼, 조장희 박사님이 하시는 일들이 젊은 후배 과학자들에게 많은 자극을 주고, 교육계와 학계에 대해서도 많은 자극을 주고 있을 것입니다. 앞으로 건승하십시오. 감사합니다. (박수)

●고철환: 청중 중에서 몇 분의 질문을 받고, 토론에 참석하신 분들이 대답하실 말씀이 있으면 하시겠습니다. 좋은 말씀 부탁드립니다.

●청중 1: 안녕하세요. 서울대학교 농생대학에서 유전학을 전공하는 학생입니다. 선생님 강연을 감명 깊게 잘 들었습니다. 분야는 다르지만, 과학을 막 시작한 초년생으로서 멀리 가고 계신 선배님을 만나게 되어 기뻤습니다. 과연 저는 어떻게 가야 할 것인가를 고민하게 된 중요한 시간이었는데요. 사람은 누구나 궁극적으로는 '꿈'이 있다는 생각을 합니다. 지금 하고 계신 것이 바로 선생님의 꿈이신지 모르겠지만, 혹시 또 다른 '꿈'이 있으신지 질문 드리고 싶습니다.

●조장희: 지금 여기저기서 '큰 꿈을 가져라' 하는데, 저는 이게 완전히 넌센스인 것 같아요. 제 생각에는 그런 것이 중요한 것이 아니라. 자기에게 그때그때 주어진 일을 잘하는 것이 더욱 중요한 것 같아요. 꿈을 너무 크게 설계해 놓으면 달성하기도 어렵고. 사실은 대학생 때 난 등산가가 되는 게 꿈이었어요. 등산이 좋고 스키가 좋고 그래서. 알프스의 등산학교에 가서 등산 가이드가 되려고 했고, 과학을 할 생각은 전혀 없었죠. 그런데 뭐든지 자기가 조금 운이 좋아야 하기는 하지만, 자기가 하는 일을 열심히 하고 꼭 필요한 사람이 되는 게 중요한 것 같아요. 우리 학생들을 보면 아무 필요가 없는 사람이 있어요. 갖다 버려도 아깝지 않은 사람요. 그래서 그런 사람이 되면

안 되겠다 해서 윗사람이 끌어주는 거죠. 사회 나가거나 대학원에 가면 자기 혼자 하는 게 아니죠. 위에 있는 사람이 끌어줘야 하는데 막상 끌어줄 장점이 있어야지. 그래서 자기가 좋은 사람이고 일을 열심히 잘하고 정직하고 사교성도 있고 쓸만한 사람이라는 것을 주위에 보여주는 거, 그게 중요한 것 같아. 그러면 뽑아서 위에서 끌어주고, 또 뽑힌 사람은 그런 기회가 오면 열심히 해서 성과를 내고 그러는 거죠. 뭐 기본적인 머리가 있어야 하긴 하겠지만 너무 큰 꿈을 가져서 이루지도 못하고 그러면 오히려 좋지 않은 거 같아요. 사실 그런 건 있을 수도 없는 일이고. 사실 난 한 번도 꿈을 꿔서 그걸 하려고 해본 적이 없어요. 그냥 하는 거 하면서 재미있고 잊을 수 없는 즐거움을 갖고 계속하는 거지, 어떤 꿈을 갖고 하는 거 같지는 않아요.

●청중 2: 안녕하세요 강연 너무 잘 들었습니다. 저는 응용전자연구실에 석사과정으로 있는 노승우라고 하고요. 저희 연구실에 조장희 교수님 쓰신 책이 있어서 싸인 받으려고 들고 왔는데 좀 부탁드리겠습니다.(좌중 웃음) 연구실 생활하다 보면 문제가 잘 해결이 안 되어 이렇게도 해보고 저렇게도 해보고 그렇게 부딪치는데, 연구하시면서 그런 경우가 아주 많으셨을 거라고 생각을

“

지금 여기저기서 ‘큰 꿈을 가져라’ 하는데,
저는 이게 완전히 넌센스인 것 같아요.
제 생각에는 그런 것이 중요한 것이 아니라,
자기에게 그때그때 주어진 일을 잘하는 것이
더욱 중요한 것 같아요.

”

합니다. 그런 경우에 대처하는 노하우가 있으신지 궁금합니다. 그리고 아이디어를 생각하실 때, 어떤 사람들은 화장실에서도 새로운 아이디어가 나온다는 이야기도 하곤 하는데요. 조장희 선생님께서는 아이디어가 주로 어떤 방법으로 어떤 장소에서 나오는지요?

●조장희: 사실 자기가 혼자서 아이디어를 만들어내는 것은 없고 어디서 들은 걸 나중에 갑자기 다시 생각하는 거야. '아 그게 필요하구나, 그걸 해보면 어떨까?' 뭐 그런 것들이 많은 거 같아요. 평소에 서로 얘기 많이 하잖아요? 또 회의할 때도 서로 많이 이야기하잖아요. 비슷비슷한 이야기를 하다가 어느 시기에, 필요했을 때 골라내는 식이죠. 그런 것들이 대부분이 아니었나 생각해요.

그리고 또 어떤 건 굉장히 우연히 생겨나죠. 제일 수월하게 쓴 논문이 가장 많이 인용되기도 했어요. 또 우연히 생겨나는 것도 있죠. 아까 박 교수님께서 BGO에 대해서 말씀하셨는데, 그건 좀 우연에 가까운 거였어요. 처음에는 BGO 검출기의 데이터를 보니까 영 시원치가 않아요. 그래서 하나를 구해서 내가 데리고 있던 박사후 연구원한테 줬는데, 그 친구가 이론물리를 하던 친구예요. 그래서 실험을 잘 못 해. 기대는 별로 안 하니까 한번 해보라 했는데, 그 친구가 한 달쯤 있다가 실험 세팅을 해놓고 나한테 보고하기를, 말씀하신 것처럼 결과가 별로 좋지 않다는 거야. 그러더니 그 친구는 또 로체스터로 박사후 과정을 갔어요. 내가 토요일에 하루 나와서 우연히 그 친구가 실험 세팅을 해놓은 걸 봤어요. 난 실험물리를 해봤으니 잘 알죠. 그 친구가 해놓은 것을 내가 봤는데 아무리 봐도 의심이 가. 그래서 내가 해보니까 전혀 다른 데이터가 나오는 거야. 예를 들어 분해능이 50나노초(1나노초는 10억분의 1초)라고 그랬는데, 내가 계산해 보니까 3.75나노초가 나와요. 이게 중요한 문제인데요, 나머지 데이터를 검증해보니까 그것들도 이상해. 토요일이니까 내가 잘못했나 그러면서 그냥 집에 갔어. 다음날 와서 다시 해보니까 내가 한 게 맞는 거야. 그래서 이틀 동안 논문을 써서 두 개를 냈는데, 다들 '모스트 익사이팅'이라고 했어요. 이게 PET 분야를 혁명적으로 바꾼 거예요. 검출기 효능이 기존 것보다 열여섯 배가 좋아요. 몇 배 좋은 정도가 아니었어요. 엄청난 것인데 그걸 이틀에 다 한 거니까 운이 좋은 거죠. 그런 에피소드도 있었어요.

그렇게 해서 하는 거지, 전혀 없던 아이디어를 자기가 어딘가에서 꺼내고 그런 게 아니었어요. 이론물리는 모르겠어요. 조금 경우가 다를 거예요. 하지만 많은 경우는 미팅에서 듣고 그런 것들을 가져왔다가, 필요할 때 자기가 실행해

보는 거죠. 지금 하는 PET-MRI도 20년 전부터 늘 얘기를 해오던 거예요. 그런데 해볼 돈도 없고, 나이 먹고 미국 국립보건원에 실험하겠다고 돈 달라고 하면 줄 리도 없고 해서 못하고 있었어요. 그런데 가천대학교에서 얼마든지 돈을 댈 테니까 한번 해보겠느냐 해서, 여기 와서 시작한 거예요. 이런 것도 사실은 운이지요. 이런 게 잘 되어 오 년 십 년 지나면 역사적인 사건이 될 것 같아요. 그래서 그렇게 되는 거지, 뭐 자기가 깊이 수도승처럼 생각해서 자기 속에서 새로운 것을 끄집어내고 그런 건 별로 없지 않나 하는 생각이 들어요.

●청중 3: 강의 참 잘 들었습니다. 저는 전기공학부에서 공부하는 고익수라고 하고요. 제가 하려던 질문을 앞선 분들이 많이 하셨지만 유치하더라도 다시 여쭙겠습니다. 원래 박방주 기자님이 쓰신 책을 읽고 오려 했는데 마침 책이 진짜 다 나갔더라고요. 그런데 강의를 들을수록 교수님께 인간적으로 매료되었습니다. 오늘 말씀하신 내용도 참 중요했던 것 같습니다. 일단 강연 첫머리에도 말씀하셨지만 뇌 건강을 위해 뇌과학자로서 독특한 비결이 있으신지 궁금하고요. 또 외국 대학들도 많이 다니시고 노벨상 관련해서 언론에도 많이 나오셨는데요. 한국 과학자들의 자세와 외국에 있는 학자들의 자세가 지닌 차이점, 또 그들에게서 배워야 할 점도 듣고 싶습니다. 그리고 80년대의 KAIST에서 제자들을 기르신 내

용이 참 인상적이었는데, 제자들에게 특히 강조하셨던 점을 듣고 싶습니다.

●조장희: 제가 한마디 하겠어요. 내가 UC 얼바인에 있을 때, 노벨상 탄 친구가 있었어요, 저하고 굉장히 친해요. 미국 학술원 회원이기도 하고, 나이도 나보다 십여 년 위인 유명한 교수예요. 저하고 친하게 지냈는데, 하루는 전화를 거니까 이 사람이 나를 모른 척하는 거예요. 서양 사람 중에는 가끔 왔다갔다하는 사람들이 있어요. 그래서 그렇구나 생각했었죠. 그런데 그해 10월이 되어서 노벨상 발표를 했는데 그 사람 이름이 나왔어요. 노벨상 타면 기자들이 집 앞에 나타나고 그러잖아요? 그런데 그 사람이 안 나왔어요. 알고 보니까 치매가 걸렸던 거예요. 그 사람은 45년 전에 한 연구로 노벨상을 탄 거였어요. 하지만 내가 전화했을 때는 이미 치매에 걸려서 저를 모르는 상태였죠. 그래서 자기가 노벨상을 탔는지도 모르는 거예요. 아까 박 선생님이 이야기하셨지만, 이를테면 지퍼를 안 올린 걸 모르는 상태가 된 거죠. (웃음) 학문의 세계에는 그런 일이 많아요. 자기가 하는 거 열심히 하고, 하느님에게 맡기고, 오래 살아서 재수가 좋고 그러면 노벨상도 타고, 뭐 작은 상도 타고 그런 거지요. 그런 일에 너무 집착하지 말고 살았으면 좋겠

어요. 대학도 그렇고요.

그리고 요새 뭐 〈네이처〉에 나오고 〈사이언스〉에 나오고 그러면 노벨상감이라고들 떠드는데, 노벨상을 그런 식으로 타는 건 아니에요. 중요한 논문이 발표된 후 20년 30년 후가 될 때까지 그 생명력과 영향력에 대한 충분한 검증이 이뤄진 후에야 노벨상을 타는 거예요. 그래서 학교도 대학도 노벨상이니 하는 데 너무 집착하지 말고, 교수들도 꾸준히 자기가 하는 것들을 하면서 그걸로 만족해야 해요. 학교에서 교수가 될 때까지 일 년에 논문을 열 편 쓰라고 하면 열 편 쓰고, 학교에 남고 싶으면 열심히 연구하고 학생들도 열심히 가르치고 그러면 되는 거죠.

그리고 여기 여러 분야 학생들이 있겠지만, 자기가 좋아하는 것을 하면 돼요. 뭐가 미래에 돈을 잘 벌지 어떻게 알아요? 난 의사도 아니지만 병원 원장보다 몇 배 더 벌어요. 재수가 좋아서 자기가 하는 걸 잘하면 그렇게 될 수도 있잖아요? 그 얘기는 하고 싶어요. 내가 내 자랑을 하려는 게 아니라, 이런 식으로 돈을 벌어야 하는 거예요. 뭐 어떤 분야가 돈이 잘 벌리니까 의사가 되겠다, 법관이 되겠다 하는 것들은 소용이 없어요. 돈 그렇게 많이 벌면 뭐해? 벌어 봐도 사실 아무짝에도 쓸 데가 없는 거예요.

누가 뭘 해도 열심히 일하면 먹고살 만큼 돈 주지 않겠어요? 그러면 된 거지요. 자기가 하고 싶은 것을 하는 이런 풍토를 한국에서 만들었으면 좋겠다는 겁니다. 나야 뭐 얼마 안 살다 죽겠지만 젊은 사람들한테 그런 생각을 좀 알려주고 싶은 거예요. 돈은 아무 의미가 없다는 것.

또 안전하게 하려고 테뉴어 달라 안정된 직업 달라 그러죠? 열심히 해서 쓸만한 사람은 틀림없이 뽑습니다. 그러니까 그런 걱정 하지 말고 자기가 그 사회에 쓸만한 사람이 되면 직업 걱정할 것이 없는 거 같아요. 내 말이 틀림없이 맞을 거예요. 그런 식의 생각들을 젊은 사람들도 가져서, 돈 되고 안정적인 곳으로만 몰리고 그런 것도 좀 없어지면 좋겠어요.

서양 학자들은 정말 좋아서 물리를 하고 정말 좋아서 수학을 하고 정말 좋아서 실험을 하고 있어요. 정말 좋아서 하는 사람들을 당할 수 없는 거예요. 좋아해야 밤도 새고 일요일도 나오고 그럴 거 아니겠어요? 내가 주말에 BGO 연구하고 했던 게 누가 하라고 해서 한 건 아니잖아요? 내가 너무 즐거워서 한 거죠. 자기가 즐거워하는 것을 열심히 하는 게 자기 살아가는데 가장 중요하지 않은가 싶어요. 자기가 큰 꿈을 가졌다고 말하거나, 남한테 자꾸 큰 꿈 가지라는 사람들 보면 자기가 그 큰 꿈 갖고 뭔가를 잘 해보기나 한 건지 의심이 가요.

●청중 4: 사람마다 뇌 구조가 다르다는 걸 전제로 하구요. 갈

수록 평균 수명이 길어지고 그러면 뇌 질환에 걸릴 가능성도 높은데, 그 질환에 걸리기 전 건강할 때의 뇌 사진을 찍어서 나중에 그런 문제가 생겼을 때 참고 자료로 활용하는 방안에 대해 어떻게 생각하시는지요?

●조장희: 우리 장기현 교수가 한국 의학계에서 MRI의 선구자죠. 우리한테 배워서 다시 의사들에게 MRI를 가르쳤으니까요. 그런 장기현 선생이 더 잘 아시겠지만, 고해상도 MRI로 뇌를 찍어놓으면 좋을 거예요. 그렇죠? 그러면 골치가 아프다던가 이상할 때, 건강할 때의 뇌 사진하고 비교해보면 여기가 잘못됐구나 하는 걸 알 수 있죠. 여유 있는 분들은 해 놓으시면 좋을 거 같아요.

●청중 4: 찍을 때 비용이 많이 들지 않는다면 국가에서 그 비용을 부담하는 방식으로 하면 어떻겠습니까?

●장기현: 좋은 말씀입니다. 경제적 여유가 없으면 국가가 지원해주고 그러면 얼마나 좋겠습니까. 자기에 대한 기록을, 특히 자기 뇌의 상태에 대한 기록을 자기가 갖고 있는 건 필요한 일이고 바람직하다고

생각합니다. 어떤 병에 걸렸을 때 그 병이 언제부터 시작되었는가를 아는 데도 큰 도움이 되지요. 우리 서울대학교 교직원도 정기검진을 2년에 한 번씩 받습니다. 2년 전에는 없었는데 2년 후에 어떤 이상 소견이 생겼다면 조기 진단과 조기 치료에 도움이 될 것입니다. 그 외에도 자신의 검진기록을 가지고 있는 것은 여러 가지로 좋은 점이 있을 것입니다. 그런데 일반적으로 정기검진에는 뇌 MRI 는 물론이고 상대적으로 진료수가가 낮은 초음파 검사 같은 영상검진도 포함되어 있지 않습니다. 고작 단순 흉부 X선 촬영만이 포함되어 있을 뿐입니다.

그게 모두 돈, 즉 재정상태와 관련되어 있습니다. 국가가 감당할 재정능력이 없기 때문이지요. 따라서 현재 우리나라에서는 극히 기본적인 검진 이외에는 자기 돈으로 검진을 받을 수밖에 없는 게 안타까운 현실입니다. 그래서 요즈음에는 개인 병원이나 대학병원에서 건강증진센터를 만들어서 건강검진을 상품화하고 있지요. 예를 들면 A코스 100만 원, B코스 200만 원 하는 식으로 말입니다. A코스에는 뇌 MRI, PET 등 고가의 검사 항목이 빠져있는 식이죠.

제가 이 자리에 있는 젊은 학생들에게 한마디만 더 하면요. 제가 조 박사님을 존경하는 이유가 여러 가지 있지만, 특히 그것이 박사님의 업적이 '세계 최초'였기 때문만은 아닙니다. 그 이유는 오늘 강연 제목도 '열정적 삶'이라고 하신 것처럼, 연세가 75세가 넘으셨는데도 30대 때와 같이 일관적으로, 지칠 줄 모르고 같은 일을 열정적으로 해오셨다는 점입니다. 저는 올바른 가치관을 가지고 자기가 좋아하고 흥미있는 일을 하면 건강에도 좋을 것으로 생각합니다. 좋아하는 일을 즐기면서 하면 몸에서 '엔돌핀'이라는 게 나오는 반면에, 좋아하지 않는 일을 억지로 하다보면 스트레스가 쌓이고 '에피네프린' 같은 혈압을 올리는 물질이 나온다고 하지 않습니까? 그래서 자기가 좋은 일을 끝까지 하는 게 노년에도 최고의 건강 유지 비법이라고들 말하는 분들이 많지요.

끝으로, 젊은 학생들이 웅대한 꿈과 비전을 갖고 사는 것도 중요하지만, 성취 가능한 작은 꿈과 희망을 하나하나 이루어 가면서, 현실을 열심히 성실하게 사는 것이 더욱 중요하지 않나 하는 조 박사님 말씀에 동의하면서 제 이야기를 마칩니다.

●고철환: 저희가 약속한 시간이 다 되었습니다. 조장희 교수님이 마무리 말씀을 해주시겠습니다.

●조장희: 정말 저로서는 큰 영광입니다. 이렇게 여러분께서 오시고, 제가 공부는 제대로 안 했지만 (웃음) 졸업한 모교인 서울대학교에서 환대를 해주시고 그래서요. 저는 늘 이런 생각을 합니다. 한국이 몇 개의 좋은 대학을 만들어서 국제 경

쟁을 해야겠다는 생각입니다. 나라에서도 재정을 좀 대주고 그래서요. 사실 굉장히 중요한 얘기입니다. 미국에서는 대학원생을 '크림cream'이라고 합니다. 진짜 알짜라는 거죠. 지금 한국의 그런 대학원생들이 전부 외국으로 가버린단 말이에요. 그건 큰일이죠. 정말 큰일입니다. 그런데 이걸 정치가나 기업가들이 모르는 거 같아요.

왜 중요하냐 하면 예전에는 미국 특허를 사서 산업을 키울 수 있었는데, 지금은 주지를 않지요. 그럼 우리가 직접 기술을 개발해야 하는데, 우리는 사람이 없어요. 대학원 학생들이 전부 MIT 하버드 칼텍으로 가버리고 우리는 사람이 없는 거예요. 그러니까 실제 경쟁할 수 있는 능력이 없는 거예요 그런데도 기업이 대학에 돈 줬다는 이야기를 들어본 적이 없어요. 국가도 돈을 제대로 안 써요. 이런 것을 빨리 고쳐야겠다는 것이 제가 한국에 와서 가장 절실하게 느끼는 생각이에요.

그런데 대학원생들을 붙들어 놓으려면 우리나라 대학을 MIT나 하버드처럼 만들어야지, 인터넷 시대에 바보가 아니라면 뭐하러 여기 있겠어요? 좋은 데로 가죠. 그래서 여러분도 노벨상 이야기만 하지 말고 그런 여론을 일으킬 필요가 있어요. 노벨상을 우리가 수상하지 못하는 이유는 너무나 간단하죠. 동경대학은 1850년에 생겼어요. 서울대학교는 사실상 1950년경에 생겼죠. 출발점에서 백 년이나 차이가 나는 겁니다. 그러니 안달을 할 필요가 없습니다. 제 생각에는 한 삼십 년쯤 기다리면 우리나라 사람들이 제대로 공부하고 그런 시대가 올 거고, 그러면 상도 자연스럽게 나올 것 같아요.

재미있는 얘기를 하나 하면요. 내가 UCLA에 1975년에 부교수로 갔는데 캘리포니아 주립대 전체에 교수가 이만 명이 있었어요. 부교수는 내가 한국 사람 최초로 된 거예요. 그런데 중국 출신, 일본 출신 교수는 수두룩하게 있었어요. 우리가 늦었다는 얘기죠. 늦게 시작을 한 거예요. 저희 세대가 미국 가서 공부하기 시작한 첫 그룹인 거예요. 그러니까 얼마나 늦었어요? 중국 사람들은 쟁쟁한 교수들이 많이 있는데 한국 사람은 하나도 없어요. 요새는 몇 명 생겼죠.

그래서 우리가 서울대학교 같은 몇 개 대학을 좋은 대학으로 만드는 것이 필요합니다. 어떤 형태로라도 여론을 일으켜서 우리가 몇 개의 좋은 대학을 연구중심대학으로 만들어서, 그 대학은 세계 어디에 갖다 놔도 단연 좋은 학생이 다니고 좋은 교수가 있고, 정말 좋은 연구, 세계적인 연구를 하도록 해야합니다. 우리 대학원생들도 여기서 공부도 하고 그럴 수 있도록 말입니다. 학생들도 다 한국에 남아 있으라는 게 아니고 반 정도라도 말이죠. 지금은 싹 나가버리니까 말입니다. 정말 우수한 대학원생을 데리고 일을 해보면, 박사후과정 이런 건 필요 없어요. 제일 젊었을 때의 에너지를 발산하는 대학원생들을 다 내보내고 노인들만 가지고 무슨 일을 하겠어요? 포스닥? 필요없는 거예요. 포스닥이 무슨 소용이 있어요. 정치하는 사람들이 그걸 모르는 거예요. 대학에서 일을 안 해봤으니까 말이죠. 그러니 자꾸 노벨상 이야기만 하고 있는데, 한심한 거 같아요. 기업들도 사람이 필요한데, 그 사람이 어디에서 나오는지 모르는 거예요. 대기업들이 1분기에도 몇조씩 수익이 남는데, 그 10분의 1인 몇천억만 내도 얼마나 달라지겠어요? 계산이 아주 심플하잖아요.

대학들도 말이죠. 옛날처럼 나눠먹기만 하지 말고, 이젠 집중해서 정말 좋은 학생들이 남아서 연구하고, 그 연구를 가지고 우리가 먹고살아야 하는 거예요. 뭐 운이 좋으면 노벨상도 타고 말이죠. 그럴 수 있는 시스템이 정말 빨리 되어야할 것 같아요. 우리나라에 와보니까 이런 것 없이는 길이 없는데, 대책이 아직 없는 것 같아요. 나는 미국의 그런 시스템 아래서 보고 듣고 왔어요. 그런데 여긴 그런 게 아직 하나도 없는 것 같아요. 그게 제일 가슴이 아프고 답답하고 그래요. 나 같은 사람은 뭐 권력도 없고 '빽'도 없고, 정치적인 것도 없어서 이런 말을 할 데도 없지만, 마침 이런 기회가 있어서 제가 한마디 했어요. 박방주 기자 한번 잘 써봐요. (웃음) 그래서 이런 이야기가 전해져서 정신 좀 차리면 좋겠다는 생각을 합니다. 감사합니다. (박수)

# 제4부 : 인터뷰

이 강연이 이루어진 이후에도 조장희 박사는 여러 연구 성과를 발표하여 한국뿐 아니라 세계 과학계에 큰 놀라움과 파장을 주었다. 이 인터뷰는 이러한 조장희 박사의 최신 연구 성과와 앞으로의 계획을 듣기 위한 것이다. 조장희 박사와의 만남은 2012년 12월, 인천 구월동에 위치한 가천대학교 뇌과학연구소 소장실에서 이루어졌다. (편집자 주)

선생님께서 서울대학교에서 〈관악초청강연〉을 하신 지 어느새 삼 년의 시간이 흘렀습니다. 사실 길다면 길고 짧다면 짧은 시간이지만, 선생님께서는 여러 연구 결과를 발표하셔서 학계의 주목을 받으셨습니다. 먼저 선생님께서 만드신 뇌지도에 대해 간단한 설명과 의의를 부탁드립니다.

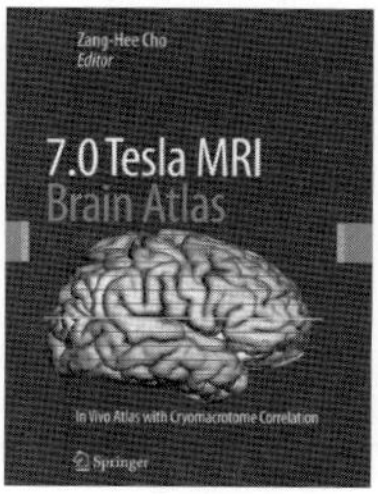


네 안녕하세요. 이 책 〈*7.0 Tesla MRI Brain Atlas*〉는 7T MRI를 사용하여 촬영한 초고해상도의 뇌 사진을 바탕으로 만든 뇌지도입니다. 뇌지도는 뇌 사진 위에 뇌의 부위와 혈관 등 구성 요소를 정확하게 표기한 것인데요. 이 뇌지도에서는 기존보다 최소 다섯 배 이상 개선된 해상도를 바탕으로, 0.3밀리미터 정도의 가는 혈관까지 확인할 수 있죠. 강의에서도 말씀드렸지만 기존에 사용하던 샬튼브랜드와 워렌의 뇌지도와

는 달리, 산 사람의 뇌를 직접 촬영한 거라서 살아있는 인체에만 관찰되는 미세혈관까지도 생생하게 볼 수 있습니다.

이 책 〈*7.0 Tesla MRI Brain White Matter Atlas*〉는 어제 나온 거예요. (웃음) 앞의 책을 만들고 나니까 '그레이 매터(뇌질)'뿐 아니라 '화이트 매터(신경)'까지 보고 싶어하는 사람들이 많이 있더라고요. 7T MRI를 사용해서 신경 다발을 초고해상도로 촬영해서 만든 뇌지도예요. 아주 새로운, 기존에는 없던 뇌지도라 할 수 있죠.

신경을 봤으니 이제 기능을 보는 뇌지도를 새로 만들려고 해요. 기능을 보는 건 좀 더 복잡해요. MRI뿐 아니라 PET도 사용해야 하고, 오가와 박사의 fMRI 기술도 응용해야 할 겁니다. 그건 아직 시작은 못 했지만, 아마 그건 브로드만이 만든 뇌 기능분포도의 현대판이 될 거 같아요. 사실 브로드만은 실제 뇌가 작용하는 기능을 본 건 아니었는데, 우리는 PET로 실제 뇌가 작용하는 모습을 확인하면서 만들 수 있으니까 훨씬 정확하죠. 우리는 뇌가 움직이고 작용하는 모습을 직접 볼 수 있으니까요.

그렇다면 이런 뇌지도로 인해서 어떤 일들이 가능해진 걸까요?

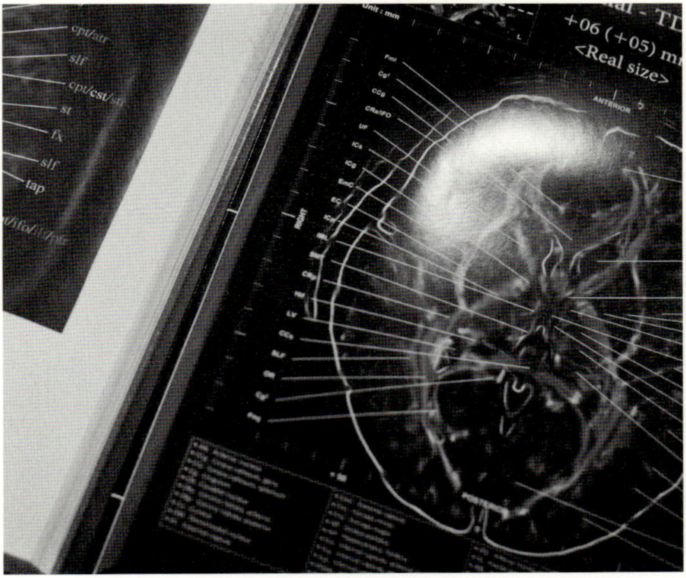


아주 많겠지만 간단한 예를 들어보죠. 뇌 자체가 망가지는 병도 있지만 신경 다발이 망가지는 병들도 많아요. 이 책은 그걸 볼 수 있는 기초 지식을 제공하죠. 예전에는 사진으로 찍어 놓으면 화상이 뭉개져서 잘 볼 수 없었어요. 신경 다발은 굉장히 복잡할 뿐 아니라 기능적으로도 신비스러운 겁니다.

예를 들어 심부뇌자극술로 이 부분의 신경을 건드리면 우울증이 없어져요. 예전에는 우리가 어떻게 해서 웃는

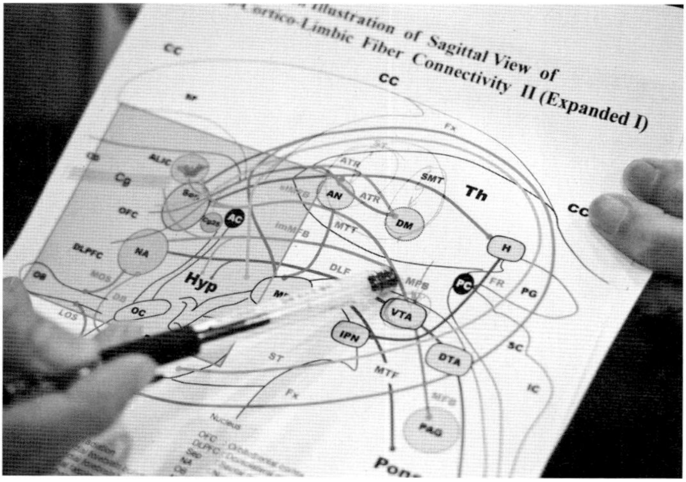


지, 어떤 방식으로 우는지 몰랐어요. 그럴 뿐만 아니라 연구를 해도 그게 '재연reproduce'이 안 되는 거예요. 신경 다발이 너무 복잡하니까 같은 부분이라고 생각되는 곳을 찔러도 환자가 어떨 때는 웃고 어떨 때는 울어요. 이제 우리 책을 보고, 이런 기술로 신경 다발을 정확하게 들여다보고 하면 뇌 실험을 정확하게 재현할 수 있고, 나아가 정신 치료도 가능할 거예요. 이건 인간이 이 책으로 인해 최초로 가능하게 된 일이에요.

이번 9월에 상하이에서 열렸던 국제신경외과학대회의 기조발제에서, 발제자는 이런 심부뇌자극술에서 가장 중요한 것은 '로케이션', 즉 위치라고 계속 강조합니다. 신경은 정말 신기해요. 예를 들어 이 부분을 건드리면 행복해지고, 이 부분을 건드리면 사람이 슬퍼져서 웁니다. 여기를 건드리면 우울증이 생기고, 이 신경 다발을 건드리면 웃습니다. 이 부분을 건드리면 파킨슨병이 없어지고, 이 부분을 건드리면 통증이 없어집니다. 비만이나 약물중독, 외상후스트레스장애PTSD, 알츠하이머, 심지어는 식물인간까지 치료할 수 있게 될 거라고 합니다. 여기에서 가장 중요한 것이 지금 우리가 하는 고해상도 MRI와 분자영상(PET)입니다. 이런 걸 가지고 심부뇌자극술을 해야만 제대로 할 수 있는 거죠.

삼 년 전 강의에서 파킨슨병을 치료하는 이야기까지는 했었죠? 그런데 한편으로 이건 심부뇌자극술로 파킨슨 치료 말고는 할 수 있는 일이 별로 없었다는 말이기도 했어요. 복잡한 신경 다발 수십 개가 연결되어 있는 데에 함부로 전극을 꽂을 수가 없는 겁니다. 하지만 이제는 뇌 신경의학의 영역이 파킨슨병에서 정신병에까지 확장하고 있습니다.

> 뇌과학과 신경과학이 영역을 확장하는 모습을 보면 정말 굉장한 것 같습니다. 최근의 한 연구에서 미국의 뇌과학 응용연구 중 가장 활발한 분야 중에 신경법학과 신경신학이 있다는 것을 읽은 적이 있습니다. 신경법학이야 이해가 갑니다. 법정에서 사람이 거짓말을 하는지 진실을 말하는지는 매우 현실적인 관심사일

테니까요. 선생님께서도 강의에서 신을 언급하셨지만, 신경신학은 매우 놀랍고 낯선 이야기였습니다.

조금 위험한 이야기일 수 있지만, 저는 종교 같은 것도 바이올러지, 즉 생물학의 영역이라고 생각해요. 인간이 느끼는 성스러움과 숭고함의 체험도 뇌에 있다고 봅니다. 신도 정신도 전부 뇌에 들어 있는 것 같아요. 종교가 아닌 과학이 뇌를 알고 정신을 고치는 시대가 올 것 같습니다.

제 생각에는 뇌과학이 발달하면 유토피아가 올 수 있을 것 같아요. 사실 범죄자나 자살하는 사람도 보통 사람입니다. 우리랑 다를 게 없어요. 보통 사람인데 뇌에서 욕망을 통제하지 못하고, 욱하는 성질을 주체하지 못하는 겁니다. 그럼 감옥에 처넣고 전자발찌 채우면 이게 나아지겠어요? 최근에도 보셨겠지만 백 년 전자발찌 달아놔봤자 이건 사기에요. 그런 사람들은 심부뇌자극술을 사용해서 미리 '치료'해주면 되는 거예요. 저는 이런 범죄가 한편으로는 과학의 책임이라고 봅니다. 우리가 제대로 진단을 못하고 처방을 하지 못했기 때문에 생겨나는 거죠. 저는 과학으로 범죄나 폭력을 정복해서 '완전한 사회'를 만들 수 있다고 생각해요. 그러는 데 신경과학이 놀라운 역할을 할 거라고 봅니다.

놀라운 말씀이십니다. 다음으로는 얼마 전 언론에 발

표되었던 14T MRI 개발에 대해서 여쭙겠습니다. 엄청난 비용이 드는 거대한 프로젝트라는 발표가 있었는데요, 어떤 것인지 간단한 설명을 부탁드리겠습니다.

우선 뇌과학에 접근하는 방식은 두 가지로 나눌 수 있어요. 뇌의 조직이나 세포를 현미경으로 관찰하고 실험하는 쪽이 있고, 우리처럼 직접 구조를 들여다보는 쪽이 있죠. 그들이 생물학에 가깝다면 우리는 물리학에 가깝죠. 사실 전자는 연구소의 규모가 그리 중요하지는 않습니다. 후자는 아무래도 연구 환경이 중요한데요, 세계에서 지금 이 가천대학교 뇌과학연구소가 가장 큽니다. 설립 비용만 5천만 달러가 들었고, 스태프가 사십 명이 넘죠. 물리, 화학, 신경과학 등 다양한 분야의 학자들이 모여 있을 뿐 아니라 전 세계적인 네트워크가 구축되어 있기도 합니다. 이길여 회장이 엄청난 환경을 만들어준 겁니다.

사실 얼마 전에 중앙일보에서 난 기사를 보고 참담했습니다. 세계 최고의 기술 99개를 선정했는데 한국에는 하나도 없어요. 과학기술을 점수로 환산하는 지표를 보니 미국이 92점, 일본은 83점, 한국은 7점에 지나지 않습니다. 제가 있었던 캘리포니아 주립대에만 해도 노벨상이 발표되는 10월이 되면 수백 명이 전화를 기다립니다. 한국에는 아마 없을 거예요.

연구에 예산을 많이 투자하지 않아서가 아니에요. 제가 삼 년 전 강연에서 말했듯이, 한국은 이미 연구비는 워낙 많이 쓰는 나랍니다. 그런데 연구비를 많이 쓰는 데 비해 정작 나오는 결과물은 한심합니다. 냉정하게 말하면 지금 한국에서 노벨상이 나올 확률은 제로라고 봐요.

저는 그 문제가 한국에는 '빅 사이언스'가 없기 때문이라고 생각해요. 본 게 없고 담이 작은 거죠. 지금 14T MRI에 도전하는 곳은 세계에서 우리밖에 없어요. 우리가 7T MRI를 성공적으로 만들어 본 경험이 있기 때문에 14T에 도전할 수 있는 겁니다. 이건 우리에게 주어진 엄청난 기회에요. 예를 들어 지금 일본과 프랑스에서 11.7T MRI를 만들고 있는데요, 그들은 7T MRI를 만들어 본 경험이 없기 때문에 14T까지는 상상을 할 수 없는 거예요.

14T를 만드는 것은 정말 어려워요, 7T짜리도 사실 만들기 쉽지 않아요. 강의에서 말했듯이 7T짜리 MRI 기기만 해도 70cm짜리 철판으로 차폐해야 하는데, 그게 20억 원이 들었어요. 14T짜리는 자력이 너무 세서 차폐를 하는 게 불가능해요. 지름 100미터짜리 광장에 가져다 둬야 돼요. 쉽지 않아요.

이걸로 내가 노벨상을 타거나 그러려는 건 절대 아니에요. 노벨상은 삼십 년 이상 검증되고 영향력이 유지되는 연구에 주는 거예요. 내가 바라는 건 젊은 사람들이 이걸 보고 '간이 커져서' 다양한 연구를 하고 시야도 넓어지는 거예요. 이 기기를 활용해서 신약 개발에서 뇌과학까지 지금은 할 수 없는 수많은 일을 할 수 있게 되는 거고요. 그러면 삼십 년 후에 노벨상을 탈 '확률'도 늘어나겠죠.

사실 이런 질문을 많이 받으셨겠지만, 아무래도 문외한으로서는 그런 엄청난 기계에 들어갈 걸 생각하니 먼저 겁이 나는 게 사실인데요. 예전의 강연에서 맨스필드 박사 연구소 등에서 MRI의 의학적 안전성에 대한 연구를 많이 하고 있다고 말씀하셨습니다. 그간 관련 연구가 많이 나왔는지요?

먼저 알아두셔야 할 건, 과학에 있어 '완전한 안전성'을 이야기하는 것은 사실 가능하지 않다는 거예요. '위험 대비 편익 risk vs benefit'의 관점에서 봐야 하는 거죠. 예를 들어 X레이가 몸에 나쁘다는 것은 이미 과학적으로 증명된 겁니다. X레이는 파장이 짧아서 에너지가 크기 때문에 쉽게 분자와 세포를 변형시키고 파괴합니다. 물론 그러다 보면 암세포가 될 수도 있어요. 하지만 보통 사람이 평생 X레이를 몇 번이나 찍겠어요? 그 위험이라는 게 질병을 조기에 진단하는 편익에 비해 무시할 정도로 미미하기 때문에 X레이를 지금도 의학적으로 활용하는 거예요.

반면 MRI에 대해 보고된 위험성은 아직 없습니다. 동물 실험 등을 통해서 우리가 혈액이나 헤모글로빈, 신경세포 등 상상할 수 있는 모든 면에서 꼼꼼하고 면밀하게 관찰했지만 아직 그렇다는 겁니다. 과학은 전진입니다. 아직 밝혀지지 않은 위험성 때문에 우리가 과학을 포기할 수는 없는 거예요. 물론 우리가 그때그때 뒤돌아보면서 안전을 계속 검토해야 하지만, 안전이 검증된 이후에야 과학을 할 수 있다는 건 넌센스에요. 우리가 계속 나아가야 하는 것은 명백한 일이죠.

> 강연을 하셨을 때 그 자리에 있었던 학생들에게 가장 충격을 주었던 것은, 큰 꿈을 가지라는 식의 말을 선생님께서 비판하신 부분이 아니었나 합니다. 맹목적인 꿈을 이야기하는 것이 자기계발서나 언론에 나오는 무분별한 성공 사례 등에 의해 포장되고 유통되고 있었기 때문입니다. 선생님께서는 꿈을 가지지 말고, 단순하게, 정직하게 살라고 하셨습니다. 지금도 그 생각은 바뀌지 않고 그대로이신지 궁금합니다.

과학 연구에서 가장 중요한 것은 정직성이에요. 저는 스웨덴에서 그런 정직함을 배웠습니다. 예를 들어 제가 처음 스웨덴에 갔을 때 교수가 시킨 일이 있었어요. 적당하게 해서 가져다주니 교수가 제가 한 결과물을 그 자리에서 꼼꼼하게 검산을 합니다. 아마 한국에서였으면 조 군 저기 놓고 가, 그랬을 거예요. 수치 0.1이 미심쩍어도 검토를 하는 것을 배우고, 또 그렇게 학생들을 지도하는 것을 배웠어요. 아마 황우석 박사 같은 경우에도 그런 트레이닝을 못 받았을 것 같아요. 자기가 믿고 싶은 쪽으로 하니까 이런 결과가 나왔는데, 그런 식으로 연구하면 안 된다는 것 말이죠.

과학에는 역사와 전통이 있어요. 역사가 있는 대학에서 좋은 선생에게 그런 전통을 배워야 합니다. 한국의 대학들이 5, 60년 왔지만 아직 세계 최고가 되려면 요원해요. 단지 기술적인 능력뿐 아니라 윤리나 역사와 같은 부분에서 부족한 거예요.

또 그때나 지금이나 변함없이, 저는 과학도들에게는 바보같이 일하는 사람이 되어달라고 부탁하고 싶어요. 저도 바보같이 일하는 사람이고, 바보같은 사람만 뽑습니다. 딱 그것밖에 모르고 앞뒤 계산 못하는 사람만 뽑아요. 과학은 어마어마한 집중력을 필요로 하는 거예요. 그런데 자기 자리 없나 찔러보고 다니고 약아서 교수직 찾고 돈 벌 생각 하는 사람이 전 세계를 상대로 하는 경쟁에서 승리할 수 있겠어요? 전 세계에 날고 기는 놈들이 얼마나 많은데 쓸데없는데 시간 보내는 사람이 경쟁할 수 있겠느냐는 거예요.

늙은이가 주책없다고 하겠지만 저는 총장 학장 그런

거 싫어요. 지하철 타고 걸어 다니고, 삼천 원짜리 우동 먹고 그래요. 그런 사소한 거에 신경 쓰면 이렇게 연구할 수 있겠어요? 저는 다른 생각은 없어요. 지금도 주말에도 나오고 그래요. 이렇게 재미있는 연구를 그냥 바보같이 하는 거예요. 약삭빠른 사람한테는 쓸만한 게 나오지 않아요.

# 조장희

과학자 조장희의 불꽃같은 삶


| | |
|---|---|
| 펴낸곳 | 서울대학교출판문화원 |
| 펴낸이 | 오연천 |
| 강연자 | 조장희 |

| | |
|---|---|
| 기획 | 서울대학교 관악초청강연 운영위원회 |
| 운영위원 | 곽수근 (위원장) |
| | 최우정, 조영달, 정철영, 정근식, 여정성, 신희택, |
| | 박영준, 김인규, 김인걸, 허남진, 이일하 |
| 기획간사 | 백미숙 |
| 진행 | 채석진 |

| | |
|---|---|
| 초판1쇄 인쇄 | 2012년 12월 25일 |
| 초판1쇄 발행 | 2012년 12월 30일 |
| 출판등록 | 제15-3호 |
| | |
| 주소 | 서울 관악구 관악로 1 우편번호 151-742 |
| 연락처 | 대표전화 02-880-5252 팩스 02-888-4148 |
| | 마케팅팀(주문상담) 02-889-4424, 02-880-7995 |
| 이메일 | snubook@snu.ac.kr |
| 홈페이지 | www.snupress.com |
| 영문홈페이지 | eng.snupress.com |





이 책은 2008년 11월에 있었던 서울대학교 〈관악초청강연〉을 바탕으로 정리되었습니다.

ISBN 978-89-521-1156-2 04040
978-89-521-1152-4 (세트)